Nils Altner

# Wege zu mehr Achtsamkeit und Mitgefühl in der Schule

Eine Schatzkiste voller Übungen und Spielideen



Klett | Kallmeyer

Bibliografische Information der Deutschen Nationalbibliothek
Die Deutsche Nationalbibliothek verzeichnet diese Publikation in der Deutschen Nationalbibliografie; detaillierte bibliografische Daten sind im Internet über http://dnb.d-nb.de abrufbar.

**Impressum**

Nils Altner
Wege zu mehr Achtsamkeit und Mitgefühl in der Schule
Eine Schatzkiste voller Übungen und Spielideen

3. Auflage 2023



Redaktion: Antje Maria Greisiger, Leipzig
Foto Titel: Nils Altner, Essen
Realisation: Nicole Neumann
Druck: BELTZ Grafische Betriebe GmbH, Bad Langensalza
Printed in Germany

ISBN: 978-3-7727-1348-4

Nils Altner

# Wege zu mehr Achtsamkeit und Mitgefühl in der Schule

*Eine Schatzkiste voller Übungen und Spielideen*

Klett | Kallmeyer

# Inhalt

# Inhalt

# Inhalt

*Sei selbst der Wandel,*
*den du in der Welt sehen möchtest!*

Mahatma Gandhi

# Geleitwort

**Liebe Leserinnen und Leser,**

mit dem Landesmodellprojekt „GIK – Gesundheit, Integration und Konzentration – Achtsamkeit in der Schule“ wurden die Erkenntnisse der modernen Mind-Body-Medizin, wie sie an den Kliniken Essen-Mitte und der Universität Duisburg-Essen für die Behandlung von Patientinnen, Patienten und für Präventionsprogramme genutzt und wissenschaftlich erforscht wurden, erstmalig im schulischen Rahmen angewendet. Dieses von den Landesministerien für Bildung und für Gesundheit in NRW sowie von der Stadt Solingen geförderte interdisziplinäre Projekt stellte deutschlandweit eine Novität in der Schullandschaft dar und kann als gelungenes Beispiel für die visionäre Zusammenarbeit von Politik, Schuladministration und Wissenschaft mit Lehrerinnen und Lehrern gelten. Ein zentrales Ergebnis des Projektes zeigt, dass es Lehrkräften im Schulalltag gelingen kann, bewusst und fokussiert eine achtsame, d. h. offene, zugewandte, nicht-abwertende präsente Haltung zu kultivieren. Damit einher gingen weniger Stressbelastung durch mehr Selbstregulation und Erholung. Bei den Kindern verbesserten sich die Freude am Lernen, die Lernbereitschaft und das Klassenklima. Einige Schulen nutzten die Impulse für die Stärkung einer demokratischen Bildungskultur.

*In diesem Sinne wünsche ich Ihnen mit Ihren Schülerinnen und Schülern viel Freude beim gemeinsamen Experimentieren und Umsetzen der Übungen und Spiele in diesem Buch.*

Prof. Dr. Gustav Dobos
Zentrum für Naturheilkunde und
Planetare Ernährung an der
Universitätsklinik Essen

# Mentale Abbilder und verkörperte Erfahrungen

Mit der Umsetzung der Übungen und Spiele in diesem Buch fördern wir die Fähigkeiten für eine stressmindernde und gesundheitsfördernde Selbstregulation bei uns Lehrenden und auch bei den Schülern und Schülerinnen, die sich darauf einlassen mögen. Diese schönen Wirkungen beruhen auf der Verkörperung einer achtsamem, (selbst-)fühlendem und fürsorglichen Haltung im Bildungsalltag. Wenn wir z. B. mit dem bewussten Lauschen, Schauen oder Atmen immer mal wieder uns selbst in der Beziehung zu den Menschen und zu der Welt um uns spüren und sein lassen, treten unsere Vorstellungen, Meinungen und Erwartungen an die Wirklichkeit zurück.

Die jetzt präsenten Geräusche, Düfte, Bilder, die taktilen, sensomotorischen Eindrücke und auch die zwischenmenschlich-emotionalen Stimmungen gewinnen damit an verkörperter Präsenz und Bedeutung. **Statt unserer meist ego-bezogenen, gedachten, d. h. von der Vergangenheit und von unseren Wünschen geprägten *Abbilder* von der Welt nehmen wir jetzt *diesen* Windhauch, *dieses* Licht, *diese* Person und *diesen* Baum an sich und unsere Beziehung dazu WAHR.**
Und wir werden uns der komplexen Beziehungen zwischen den einzelnen Erscheinungen bewusst, ohne selbst immer im Mittelpunkt stehen zu müssen. Das kann sehr befreiend und beglückend sein, denn statt alles auf uns zu beziehen, können wir uns dabei als gleichwürdigen Teil eines großen, verbundenen, lebendigen Ganzen erleben.

[1] James, W. (1890). The Principles of Psychology. Cambridge: Harvard University Press, S. 401.

# Innere Dekolonialisierung und Demokratiefähigkeit

Bemerkst du, wenn du mit ansprüchlicher, rechthaberischer, selbstgefälliger oder angstvoll-aggressiver Stimme zu dir selbst sprichst und dann auch zu anderen? Was beruhigt diese Selbstanteile, die meist von alten Verletzungen und Angst geprägt sind? Vielleicht unterstützen dich dabei die Übungen im Buch. **Denn körperliche und sinnenfrohe Präsenz lässt die diktatorischen Stimmen oft auf ganz natürliche Weise leiser werden.** Die inneren Abwerter und nie zufriedenen Selbstanteile stehen dann weniger im Zentrum unseres Denkens und Handelns. Und mit der Zeit glauben wir nicht mehr jedem auftauchenden Gedankenimpuls.

In den stillen Zwischenräumen zwischen den lauten und dominanten Gedanken melden sich dann vielleicht auch leise und schüchterne Anteile unseres Selbst zu Wort oder Bild. Kann es sein, dass, wenn es gelingt, dieser inneren Vielfalt Aufmerksamkeit und Ausdruck zu schenken, wir uns mehr und mehr von den diktatorischen Kräften in unserem Innern befreien? Und wachsen uns im Prozess dieser inneren Dekolonialisierung dann vielleicht die Fähigkeiten zu, mit unseren vielfältigen Mitlebewesen gleichwürdig, demokratisch und nachhaltig unsere Lern- und Lebenswelten zu gestalten? Probieren wir´s aus!

Ich wünsche dir viel Freude beim Spielen mit den Übungen. Sie ermöglichen in diesen KI-bestimmten Zeiten menschliches deep learning. Und wenn du Teil eines wachsenden Netzwerks von Bildungspraktikern und Bildungspraktikerinnen zu diesen Themen werden möchtest, findest du hier einen Zugang:
**https://de.wikiversity.org/wiki/FRIDA**

Nils Altner, Prof. Dr. phil.,
Lehr- und Forschungsgebiet „Professionelle Selbstfürsorge"
Alice Salomon Hochschule Berlin

# Wir Menschen als vielschichtige Unteilbare

Ist es nicht ein Wunder, dass unser Herz warm und lebendig schlägt?
Wir leben – wie unglaublich!

Dabei ist jede und jeder von uns ein erstaunliches, einmaliges und unteilbares Ganzes. Darum sprechen wir voneinander auch als **„In-Dividuen"**, den **Nicht-Teilbaren**.

Zugleich lassen sich aber **verschiedene Aspekte unseres Menschseins** beschreiben. **Wie die Figuren einer Matrioschka** passen sie ineinander: Da ist **zu innerst unser Körper** mit seinen **Sinnesorganen**. So lange er lebt, wird er von Atem bewegt und durchflossen. Im Körper und Geist regen und bewegen sich die **Gefühle**. Darum nennen wir sie auch **„E-motionen"**.

**Im nächst weiteren Raum** unseres Bewusstseins erscheinen uns beinahe ständig **Gedanken**, Worte, Erinnerungen, Vorstellungen, Bilder, Töne, und ebenfalls beinahe ständig **kommentiert und bewertet unser Geist** uns selbst sowie die Menschen und Dinge um uns. Meistens glauben wir unseren Gedanken, obwohl sie häufig irren.

# Wir Menschen als vielschichtige Unteilbare

**Im dann größeren Kreis** gehören unsere **sozialen Beziehungen** zu uns wie auch die **Orte, Räume und die Natur**, die uns umgeben und leben lassen.

**Eine noch weitere Umgebung**, die uns prägt, besteht aus den **Bereichen, die über unsere unmittelbar persönlichen Belange hinausweisen**. Diese trans-personalen, politischen, philosophischen und spirituellen Themen und Fragen gehören ebenfalls zu unserem Leben.

Wenn es uns gelingt, eine Haltung zu kultivieren, die versucht, alle unterschiedlichen, für uns zum Teil auch widersprüchlichen und unverständlichen Erscheinungen und Meinungen als integrale Bestandteile des Menschseins zu begreifen, erleben wir uns und die Welt vielleicht hin und wieder als große lebendige, sich „ent-wickelnde" Gesamtheit des Gewordenseins und Werdens.

**„Die Praxis von Achtsamkeit und Mitgefühl stärkt uns und die Kinder dabei.**
**Sie stärkt den Frieden in uns und damit in der Welt.**
**Und sie setzt unsere Kräfte für für Engagement, Demokratie und nachhaltige Verantwortung frei."**

Dieses Buch möchte unterstützen und dazu inspirieren, Friedlichkeit und Fürsorge mit uns, miteinander und der Erde zu entwickeln. Denn wer weiß, ob es noch irgendwo im Universum so wundersame Wesen wie uns gibt und so lebensfreundliche Planeten wie unsere schöne Erde?

# Deep Learning – Lernen im digitalen Zeitalter

Die aktuellen technischen Veränderungen revolutionieren unser Leben. Fragen Sie einmal ein Kind heute, wie sich mit einem Wählscheibentelefon eine SMS verschicken lässt. Die Dinosaurier erscheinen ihm ähnlich urtümlich.

Welche Auswirkungen all die derzeitigen digitalen, sozialen und klimatischen Veränderungen in den nächsten Jahren und Jahrzehnten auf uns alle haben werden, lässt sich nicht voraussagen.

Wir wissen aber, dass wir zurzeit global Ressourcen verbrauchen, für deren Regeneration wir 1,7 Erden bräuchten.
Wir wissen, dass, wenn die Gletscher am Nord- und Südpol schmelzen, die Meere um sechs Meter steigen werden.
Wir wissen, dass die weltweite Klimaerwärmung mit immer heftiger werdenden Stürmen, Fluten und Dürren einhergeht.

Eine Studie hat gezeigt, dass Menschen, die eine Stunde pro Tag *World of Warcraft* spielen, nach sechs Wochen in den Gehirnarealen, die für Mitgefühl verantwortlich sind, signifikant an Substanz verloren haben und deutliche Suchtmerkmale aufweisen.[2]

Und wir haben erfahren, dass heutzutage Wählerentscheidungen mittels künstlicher Intelligenz über soziale Netzwerke beeinflusst werden können.

2 Zhou, F. et al. (2017). "Orbitofrontal gray matter deficits as marker of Internet gaming disorder: converging evidence from a cross-sectional and prospective longitudinal design." Addict Biol. Oct 23. doi: 10.1111/adb.12570.

# Deep Learning – Lernen im digitalen Zeitalter

Anstatt sich mit der Vermittlung von Fakten zu begnügen, die morgen schon überholt und irrelevant sein können, besteht die Aufgabe für Bildung und Erziehung heute mehr denn je in der **Stärkung innerer Fähigkeiten und der Persönlichkeit**: bewusst Aufmerksamkeit lenken und halten können, Wichtiges von Nebensächlichem unterscheiden, Werte und Sinn finden und vertreten, Gefühle wahrnehmen und regulieren, Mitgefühl, Humor, (Selbst-)Fürsorge, Verantwortung übernehmen, Liebe empfinden und schenken, für innere Regungen und Prozesse Ausdruck finden in Sprache und künstlerischer Gestaltung, die eigenen Anlagen und Talente erkennen, entwickeln und damit kreativ und kooperativ zum Wohle des Ganzen beitragen.

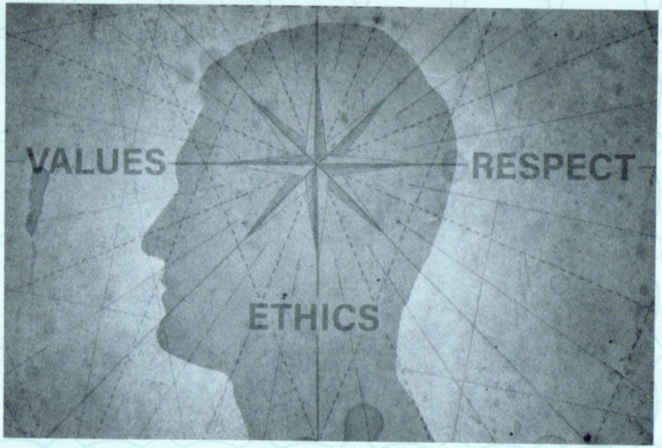


Für diesen inneren Lehrplan brauchen wir eine **Didaktik und Methodik des Deep Learning**. Im Kontext der künstlichen Intelligenz bezeichnet „deep learning“ technische Algorithmen, mit denen Software und Maschinen „lernen“. Auf Basis der immer engmaschigeren Erhebung persönlicher Daten bestimmen KI-Prozesse zunehmend über lebenswichtige Entscheidungen. Im Kontext der Digitalisierung der Bildung und des Lebens brauchen wir deshalb dringend die Bildung der inneren Fähigkeiten, wollen wir doch, dass unsere Kinder sich an humanistischen Werten orientieren, daran, was uns als Menschen in unserem Wesenskern ausmacht.
Damit gemeinsam zu experimentieren, macht Freude und Sinn!

# Achtsamkeit und Mitgefühl

Eine groß angelegte Studie des Max-Planck-Instituts für Kognitions- und Neurowissenschaften in Leipzig hat gerade gezeigt, dass **Achtsamkeitspraxis** in Kombination mit einem regelmäßigen mitfühlenden Austausch sowohl **Stress reduzieren hilft** als auch die **Gehirnareale stärkt, die für Mitgefühl** und das Sich-in-andere-Hineinversetzen verantwortlich sind.[3]

Aus anderen Studien, z. B. von Kolleginnen und Kollegen an den Universitäten in Lyon, Boston und Toronto, wissen wir, dass unser Gehirn in zwei unterschiedlichen Zuständen aktiv sein kann. Sich selbst überlassen, sind v. a. Bereiche um die Mittellinie der beiden Hemisphären aktiv.[4]

*Wo aber Gefahr ist, wächst das Rettende auch.*

Friedrich Hölderlin

[3] Valk, S. L., B. C. Bernhardt, F. M. Trautwein, A. Bockler, P. Kanske, N. Guizard, D. L. Collins and T. Singer (2017). "Structural plasticity of the social brain: Differential change after socio-affective and cognitive mental training." Sci Adv 3 (10): e1700489.

[4] Vgl. Lutz, A., A. P. Jha, J. D. Dunne and C. D. Saron (2015). "Investigating the phenomenological matrix of mindfulness-related practices from a neurocognitive perspective." Am Psychol 70 (7): 632 – 658.

# Achtsamkeit und Mitgefühl

Dabei beschäftigt sich unser Bewusstsein mit dem **Fortschreiben der Geschichte unseres Selbst**, indem es **alle Ereignisse** darauf prüft und **bewertet**, welche Bedeutung sie **für unser Selbstbild** haben.

Fast immer fallen diese Bewertungen so aus,
dass wir noch besser, wichtiger, schöner, erfolgreicher,
wohlhabender etc. sein könnten, als wir es sind.

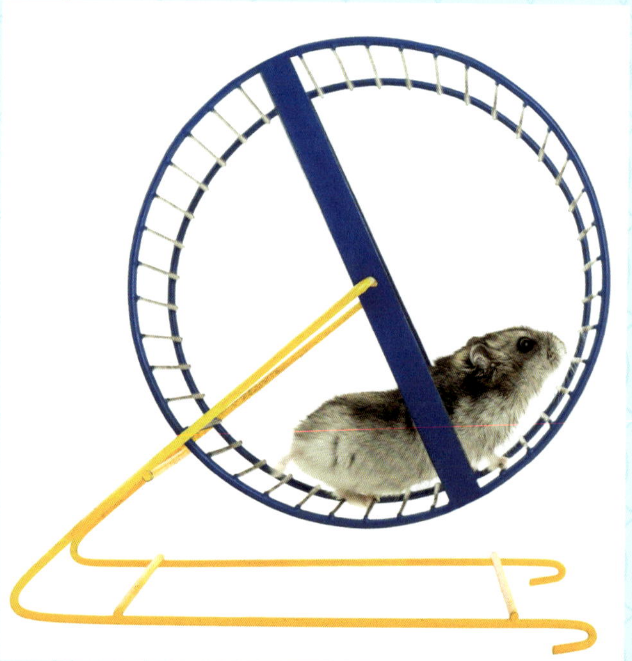

Wenn wir nur in diesem als „**Default Modus**“
bezeichneten Gehirn-Aktivitätszustand unser Leben leben,
**bleiben wir meist unzufrieden, getrieben und unglücklich**.
Wir werten uns selbst und einander ab,
bekriegen uns, verschleißen im vom Ego getriebenen Konsumsog
die schwindenden Ressourcen der Natur
und **beuten uns gegenseitig und uns selbst aus**.

# Achtsamkeit und Mitgefühl

In den Zeiten, in denen wir achtsam, zugewandt, mitfühlend und akzeptierend unsere Aufmerksamkeit auf die Eindrücke fokussieren, die sich unseren Sinnen in diesem Moment darbieten, ermöglichen wir unserem Gehirn das Ruhen im Augenblick.

In diesem zweiten **Modus der somatosensorischen Präsenz** sind Hirnareale des sogenannten „Salienz-Netzwerks“ aktiv, die mit Konzentration und mit dem Wahrnehmen der Sinneseindrücke aus dem Körper und der Umgebung beschäftigt sind. Anders als im „Default Modus“ nehmen wir hier die Eindrücke, Gedanken und Gefühle weniger persönlich, sondern lassen sie sein und nehmen wahr, wie sie sich ändern und wandeln. Dabei **sinkt die Stresserregung, Angst und Depressivität nehmen ab, die Stimmung hellt sich auf, die Muskulatur entspannt sich**. Bis in tiefste epigenetische Strukturen, in Vorgänge der Zellteilung und Zellalterung hinein, **wirkt die Praxis von achtsamer und mitfühlender Präsenz gesundheits- und lebensstärkend.**[5] Wir empfinden Ruhe, erholen uns, haben kreative Ideen und zuweilen empfinden wir auch tiefes Verbundensein und Glück.

[5] Muehsam, D., S. Lutgendorf, P. J. Mills, B. Rickhi, G. Chevalier, N. Bat, D. Chopra and B. Gurfein (2017). "The embodied mind: A review on functional genomic and neurological correlates of mind-body therapies." Neuroscience & Biobehavioral Reviews 73: 165 –181.

# Achtsamkeit und Mitgefühl

**In** den pädagogischen Kontexten von **Kitas, Schulen und Hochschulen nehmen** aktuell weltweit die Bemühungen vieler Kolleginnen und Kollegen um **Förderung von Achtsamkeit und Mitgefühl zu.** Damit **stärken** wir **unsere Fähigkeiten**, als Menschen gemeinsam **mit den enormen Herausforderungen unserer Zeit umzugehen**.

Der Digitalisierung des Lebens müssen wir die bewusste Bildung von Konzentration, Wahrnehmung, Entscheidungs- und Beziehungsfähigkeit zur Seite stellen. Sozial, politisch und ökologisch wird es sich in allernächster Zeit zeigen, ob die Menschheit friedlich und verantwortlich auf der Erde weiterleben und gedeihen wird. **Jedes Kind**, das geboren wird, **bringt kostbare Potentiale mit, damit das gelingen kann**.

Mit Achtsamkeit und Mitgefühl **Bedingungen für die Entfaltung** und Entwicklung dieser Potentiale **zu gestalten, gehört zu den schönsten und sinnvollsten Lebensaufgaben**.

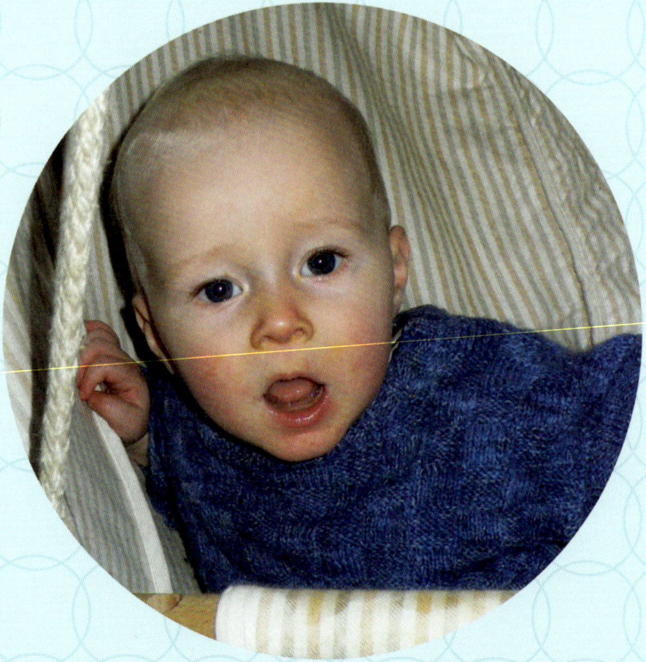

# Wertschätzung und Selbstbewusstsein

Fundierte Einblicke in das Ausmaß dessen, was Wertschätzung oder Entmutigung, die Kinder erfahren, vermag, vermittelt eine **Untersuchung von Betty Hart und Todd R. Risley.**[6]
Sie hatten zweieinhalb Jahre lang in 42 amerikanischen Familien die **Gespräche untersucht, die Eltern mit ihren Kindern von deren Geburt an bis zum dritten Lebensjahr führten**.
Die Familien gehörten der Schicht der Sozialhilfeempfänger, der Arbeiterklasse und der Mittelschicht an.

Die Auswertung der Gespräche ergab nicht nur einen deutlichen **Unterschied in der Anzahl der Gespräche**, die die Eltern mit ihren Kindern geführt hatten, sondern **auch in der emotionalen Qualität des Gesagten**:

Während ein Kind von Sozialhilfeempfängern bis zu seinem dritten Lebensjahr etwa 75.000 Ermutigungen und 200.000 Entmutigungen zu hören bekam, ermutigten Eltern aus der Mittelschicht ihr Kind im gleichen Zeitraum etwa 500.000 Mal und entmutigten es circa 80.000 Mal.

[6] Hart, B., Risley, Todd R. (2002). Meaningful Differences in the Everyday Experience of Young American Children. Baltimore: Brooks Publishing.

# Wertschätzung und Selbstbewusstsein

Die **weniger privilegierten Kinder** hörten also allein in ihren ersten drei Lebensjahren gut zweieinhalbmal mehr Verbote, Reglementierungen und Beschimpfungen, als sie Anerkennung oder Wertschätzung erhielten.

Bei den **privilegierteren Kindern** kamen in dieser Zeit auf jede entmutigende Äußerung ihrer Eltern mehr als sechs Ansprachen, die ihr Selbstbewusstsein stärkten.

Daraus müssen **gravierende Unterschiede in der Selbstwahrnehmung** der Kinder und Jugendlichen entstehen.
Sie werden sich mit großer Wahrscheinlichkeit sehr darin unterscheiden, wie sie sich und ihre Gestaltungs- und Entwicklungsmöglichkeiten in der Welt erleben.

Wir können das mitgestalten!

# Achtsamsein und Gesundheit

Medizinische Untersuchungen zu den physiologischen Folgen von Abwertung und Beschämung zeigen einen deutlichen Zusammenhang zwischen empfundener Scham und der Zunahme entzündungsfördernder Zytokine.
Das sind Eiweiße, die am Funktionieren des Immunsystems beteiligt sind.

**Wenn wir uns schämen, steigt die Wahrscheinlichkeit für das Entstehen von Entzündungen im Körper![7]**

Diese sind Ausdruck einer an sich gesunden und wünschenswerten Immunantwort des Körpers auf Bedrohungen, z. B. durch eine Infektion. Eine **dauerhafte Erhöhung der Entzündungsbereitschaft** wird jedoch mit einem **Anstieg von Krankheitsrisiken** in Verbindung gebracht. Diese betreffen z. B. Diabetes, Arthrose, Haut-, Herz- und Darmerkrankungen.

**Durch Wertschätzung** stärken wir also nicht nur das Selbstbewusstsein der Kinder, sondern **reduzieren** auch ihre **Anfälligkeit für körperliche Erkrankungen**.

*Wenn ich dir wirklich zuhöre,*
*stärke ich dein Wachsen und Werden.*

N. A.

[7] Dickerson, S. S., M. E. Kemeny et al. (2004). "Immunological effects of induced shame and guilt." Psychosom Med 66 (1): 124 – 131.

# Achtsamsein und Gesundheit

Das mitfühlende Achtsamsein ist eine wunderbare Möglichkeit, eine wertschätzende und fürsorgliche Haltung gegenüber den Kindern zu praktizieren.

Neben dem unmittelbar positiven Erleben verkörpern wir damit langfristig auch ein Modell für den Bezug der Kinder zu sich selbst und für ihre Beziehungsgestaltung untereinander.

**Durch achtsamkeitsbasierte Beziehungsgestaltung stärken wir unsere eigene Resilienz und Gesundheit sowie die der Kinder.**

*Ich halte inne,*
*wende mich dir zu*
*und spüre dich lebendig*
*in diesem Moment ...*
*und in diesem Moment.*

N. A.

# Hinweise zur Umsetzung der Spiele und Übungen

In diesem Buch findest du eine Sammlung von Anregungen und Übungen, mit denen du im (Schul-)Alltag dich, die Kinder und Kolleginnen und Kollegen immer wieder zum Innehalten, Spüren und Fürsorglich-Sein einladen kannst. Viele Übungen wurden im Rahmen des NRW-Landesmodellprojekts „GIK – Gesundheit, Integration und Konzentration – Achtsamkeit in Solinger Grundschulen“ von Lehrerinnen und Lehrern erprobt und beigetragen. Vielen Dank dafür!

**Experimentiere mit den folgenden Übungen und Spielideen erst einmal selbst**. Mache deine Erfahrungen und schau, wie es gelingt, eine achtsame, offene, mitfühlende und wertschätzende Haltung dir selbst, deinen Nächsten, deinen Kolleginnen und Kollegen und den Kindern gegenüber einzunehmen. Aus dieser Haltung kannst du am besten wahrnehmen, wann die Kinder offen sind, sich darauf einzulassen.

Viele Aktivitäten eignen sich dafür, sie **regelmäßig als Ritual** in den Alltag einzubeziehen. Experimentiere mit den Kindern damit und entscheidet gemeinsam, welche das sein sollen. Vielleicht mögt ihr den Tag oder die Woche mit dem „Augen-Licht-Kreis“ beginnen? Oder vielleicht passt es, jeden Morgen mit einer Bewegungsmeditation zu starten und in der Mitte jeder Stunde eine Wahrnehmungs- oder Stille-Phase einzuschieben? Oft machen schon wenige Minuten einen großen Unterschied. Eine Sammlung der Aufmerksamkeit auf Körper und Atem nach der Hofpause und die Einrichtung einer Achtsamkeits-AG am Nachmittag haben sich in vielen Schulen bewährt.

# Hinweise zur Umsetzung der Spiele und Übungen

Fast alle **Kinder-Übungen** können im Klassenverband oder mit kleineren Gruppen umgesetzt werden, viele auch im Einzelkontakt.
Die **Ideen in Kapitel 1** richten sich in erster Linie an **Erwachsene** – an Lehrkräfte und Eltern (gerne auch unter Einbeziehung der Kinder).

Interessant, herausfordernd, aber oft auch berührend und schön kann es sein, Momente der fokussierten Stille im Kollegium oder mit den Eltern umzusetzen. Wie wäre es beispielsweise, die Schulkonferenz mit einer Minute der Stille zu beginnen oder die „Schneekugel" mit in Elterngespräche zu nehmen?

**Als Faustregel für die Länge achtsamer Übungen gilt**:
Lade die Kinder ein, maximal so viele Minuten in den Ruheübungen zu verweilen, wie sie Jahre alt sind. Das heißt, achtjährige Kinder können sich in der Regel gut auf eine maximal achtminütige Meditation einlassen. Übungen in Bewegung mögen die meisten Kinder auch für längere Zeit.

Frag sie, experimentiere und vertraue deinem Gefühl.
Wenn jemand nicht mitmachen möchte, respektiere und ermögliche das ohne Gesichtsverlust für das Kind.

**6 Jahre = 6 Minuten** **8 Jahre = 8 Minuten**

*Viel Freude damit!*
Nils Altner

# Achtsamkeit und Mitgefühl lebendig verkörpern

## KAPITEL 1

*Wir brauchen unsere Kinder nicht erziehen,*
*sie machen uns sowieso alles nach.*

Karl Valentin

# Achtsamkeit und Mitgefühl lebendig verkörpern

*Hast du Erinnerungen an eine Lehrerin oder einen Lehrer, die oder der für dich als Kind besonders wichtig war? Wenn ja, dann lass sie einmal vor deinem inneren Auge erscheinen. Spürst du ein Gefühl in deinem Körper bei dieser Erinnerung? Und wo spürst du es?*

*Die Lehrerinnen oder Lehrer, die uns wichtig waren, haben uns ein Erleben von Zuwendung, von Interesse an uns und von Wertschätzung ermöglicht. Wir fühlten uns von ihnen gesehen, ernst genommen und gemocht. Wenn wir uns an sie erinnern, spüren wir vielleicht warme Empfindungen von Berührtsein im Herzen, ein Gefühl von aufsteigender Freude regt sich im Brustkorb und in unseren Gesichtern nehmen wir ein strahlendes Leuchten wahr. Was genau sie gesagt haben, konkrete Lerninhalte – daran können wir uns oft nicht erinnern. Wie ist das für dich?*

*Meist erinnern wir uns viel deutlicher daran, wie wir uns in der Gegenwart von Menschen gefühlt haben und weniger an ihre Worte. Wenn wir als Pädagoginnen und Pädagogen Achtsamkeit und Mitgefühl in der Schule stärken wollen, dann beginnt das in unserem Innern und wirkt dadurch, wie wir Beziehungen und Leben gestalten.*

# Wunden heilen lassen

Wir haben uns mit unseren Wunden und Einschränkungen oft so sehr eingerichtet, dass wir heilende Impulse eher außerhalb unserer gewohnten Strukturen finden. Dies gilt für Erwachsene genauso wie für Kinder.

Manchmal spürst du, dass du verletzt wurdest, mit Worten, mit Taten. Dann lohnt es sich, mit der Aufmerksamkeit für eine Weile ganz bei dir, deinem Körper, deinem Atem, deinen Gefühlen, Gedanken und deinen Handlungen zu sein.

In Erinnerungen zu kramen und „Schuldige" zu suchen, hilft dir verstehen, was passiert ist und warum du dich verletzt fühlst. Aber es hilft nicht, deine Wunden zu heilen.

Lass dich stattdessen von deinem Körper leiten, etwas zu finden, das heilend wirken kann.

Wenn du jemand bist, der sich zurückzieht, dann probiere neue Dinge aus und lerne neue Menschen kennen.

Probiere „verrückte" Dinge aus: Tanze, singe und schreibe Gedichte, male, erzähle Geschichten oder spiele Theater.

Verbringe Zeit mit anderen. Sie sind voller Überraschungen und fordern dich heraus, weich und lebendig zu sein.

Fortsetzung

# Wunden heilen lassen

Wenn du viel in Aktion bist und wenig Zeit mit dir verbringst,
dann lerne dich selbst besser kennen.

Begrüße dich morgens freundlich im Spiegel
wie jemanden, den du gut kennst.
Verabrede dich mit dir selbst
und trage die Termine in deinen Kalender ein.

Schreibe dir Kurznachrichten,
poste dir Fotos von berührenden Erlebnissen,
schreibe Tagebuch.

Finde einen Platz in der Natur, wo du dich wohlfühlst
und verbringe immer wieder Zeit dort.
Vielleicht auch einmal nachts?

Frage dich, was du als Kind werden wolltest
und wer du heute bist.
Wer möchtest du in fünf Jahren sein?
Und wer in 15 Jahren?

# Das Wasser des Lebens

Wenn du nach innen lauschst,
kannst du dort den Quell der Begeisterung sprudeln hören?
Wohin ruft dich dein Leben?

Wobei öffnet deine Haut alle Poren,
wann wird dein Herz weit, dein Mut stark
und wann fließt dein Tun über, erfüllt von Freude und Sinn?

Wann vergisst du die Zeit? Wofür bist du dankbar?
Was möchtest du lernen, was herausfinden?
Wofür lieben dich deine Lieben?

Welche Schätze kannst du mit vollen Händen verschenken,
damit sie sich mehren und die Welt reicher, schöner,
lebenswerter sein lassen?

Was ist deine Stimme im großen Chor?
Welches ist dein Instrument im zeitlosen Orchester
des Seins und Werdens?
Wie feiert die Schöpfung sich selbst durch dich und dein Leben?
Wie nährst du Frieden, Schönheit und Glück in der Welt?

# Werte und Ziele

Was ist mir wichtig im Leben,
was möchte ich stärken, lernen, entwickeln?
Wann?
Woran merke ich, dass ich meinen Zielen näher komme?
Was und wer unterstützt mich dabei?

(Wie) Spüre und zeige ich Dankbarkeit dafür,
dass ich meine Potentiale entwickeln kann?

Wo, wenn nicht hier?
Wer, wenn nicht ich?
Wann, wenn nicht jetzt?
Was, wenn nicht mit Liebe?

*The main thing is to keep the main thing the main thing.*

Stephen Covey

# Moment mal … Innehalten und zu uns kommen

## KAPITEL 2

*Der Mensch sei die Atempause zwischen dem Ewigen und dem Strömen der Zeit.*

Pico della Mirandola

## Moment mal … – Innehalten und zu uns kommen

*Wenn wir achtsam innehalten, schenken wir Aufmerksamkeit, Zeit und Zuwendung dem, was jetzt in uns und um uns da ist.*
*Wenn wir achtsam innehalten, ermöglichen wir genau das, was uns im Alltag oft fehlt: sinnenvolle Präsenz im gegenwärtigen Augenblick mit einer offenen, wertschätzenden und gelassenen Haltung.*
*Wenn wir in diesem Sinne uns, unsere Kolleginnen und Kollegen sowie die Kinder immer wieder einladen, in unserem TUN innezuhalten, um die Aufmerksamkeit zu sammeln und zu konzentrieren, um bei uns zu SEIN, dann spüren wir uns selbst und einander.*
*So lernen wir uns mit der Zeit immer besser kennen!*
*Je häufiger wir innehalten und uns bewusst konzentrieren, desto besser werden wir darin.*
*Und je besser wir uns spüren und kennen, desto leichter fällt es zu wissen, was jetzt guttut.*
*Auf diesem Weg lernen wir, gut auf uns selbst, auf einander und auf unsere Lebenswelt zu achten.*

# Am Morgen – eine Bewegungsmeditation

Am Morgen steh ich fröhlich auf.
Ich öffne das Fenster und schaue hinaus,
strecke mich zum Himmel
und beuge mich zur Erde.

Ich grüße die Sonne, den Mond und die Sterne.
Ich bin ganz bei mir, tief verwurzelt
und wie ein Baum so stark.

Gemeinsam mit allen
freue ich mich auf diesen Tag.

nach einer Idee von Melanie Speckheuer

# HALT

*Wenn wir uns gehetzt, ängstlich oder aufgeregt fühlen, dann reagieren wir im Stressmodus. In diesem Stresszustand sind wir nicht offen für Lernen, für Neugierde und Entdeckungen. Wir können auch nicht nachdenken, kreativ, humorvoll, gerecht, großzügig und mitfühlend sein. Erst wenn wir uns wieder in einem Zustand von Entspannung oder Wohlspannung befinden, stehen uns diese Fähigkeiten der evolutionär neueren Gehirnbereiche im präfrontalen Kortex hinter der Stirn zur Verfügung. Es sind diese Fähigkeiten, die uns von den Tieren unterscheiden und die wir als zutiefst menschlich erleben.*

**Die vier HALT-SCHRITTE unterstützen uns dabei**

**H** alte inne.

**A** tme.

**L** ass alles (s)ein.

**T** ue dann, was wirklich passt.

# Die Schneekugel

Wenn wir aufgeregt sind, schwirren unsere Gedanken und Gefühle durch unseren Kopf wie ein Schneegestöber. Diesen Schneesturm der Gedanken können wir beruhigen, indem wir innehalten.

Wenn ich jetzt diese Schneekugel kräftig schüttele, sehen wir genau, wie undurchsichtig und verwirrend dieses Durcheinander ist.

In diesem Gewusel können wir nichts mehr deutlich erkennen.

Wenn ich aufhöre zu schütteln und
die Kugel für eine Weile still sein lasse,
beruhigt sich der Sturm,
die Flocken sinken ruhig nach unten,
das Bild wird klar und wir sehen deutlich,
was im Gestöber verborgen war.

Mit einem tiefen Atemzug spürst du dich,
beruhigst deinen Körper
und klärst deinen Geist.

*Jetzt ist es klar in meinem Kopf,*
*wie im Schüttelglas.*

Paul, 7 Jahre, nach der Übung „Die Schneekugel"

# Der Klang der Ruhe

Wenn wir im Alltagstrubel Ruhe finden wollen, können wir z. B. eine Zimbel, eine Triangel, Klangschale oder ein anderes Instrument mit langem Nachklang anschlagen.

Mit dem Hören auf den langsam ausklingenden Ton
schließt du die Augen oder senkst den Blick,
du lauschst dem Klingen und Verklingen des Tons nach.

Immer leiser wird er und leiser.
Wenn du ihn gar nicht mehr hörst,
hebst du die Hand.

*Als ich zum ersten Mal die Klangschale gehört habe, war es, als wenn ich mich im Wasser bewege.*

Ida, 9 Jahre, nach der Übung „Der Klang der Ruhe“

# Lauschen

Lasst uns die Augen schließen
und lauschen, was es zu hören gibt.
Das Fenster ist offen
und deine Ohren auch …

Was hörst du?
Geräusche hier aus dem Raum?
Geräusche aus dem Gebäude
und von draußen?

Was hörst du in dir drinnen?
Und um dich herum?
Mach eine Sammlung von Geräuschen.

Öffne nun deine Augen
und male auf,
was du alles gehört hast.

## Fisches Nachtgesang

–

U U

– – –

U U U U

– – –

U U U U

– – –

U U U U

– – –

U U U U

– – –

U U

–

Christian Morgenstern

# Der Regenstab

Kennt ihr den Regenstab?
Die Indianer in Südamerika bauen ihn aus einem Kaktus.
Im Innern sind die Stacheln und unzählige Samenkörner.

Sie rasseln rauschend durch die Stacheln, wenn du den Stab bewegst.
Das kann kräftig oder sanft wie Regen klingen.

Stellt euch bitte einmal im Kreis auf
und ich gebe den Stab gleich in die Runde.
Bewege ihn ein wenig und gib ihn weiter.

Lasst uns alle lauschen, wie die Regenkörner klingen.
Können wir es ohne Pause regnen lassen?
Und wie viele Runden dauert es,
bis das letzte Korn durch den Stab geregnet ist?

Was denkt ihr?

*Hört, hört,*
*Leben und Werden sind ernste Dinge.*
*Schnell vergeht die Zeit.*
*Seid achtsam!*

anonym aus Japan

# Im Körper mit dem Atem unser Zuhause finden

## KAPITEL 3

*Wenn wir in der Lage sind, seine Weisheit zu erkennen, dann ist der Körper der beste Lehrer und ein verlässlicher Führer auf unserer Reise.*

Reginald Ray

# Im Körper mit dem Atem unser Zuhause finden

*Unser Körper ist das Geschenk, das wir bei unserer Empfängnis empfangen, er ist der Ort unseres Lebens.
Lernen wir ihn kennen mit all unseren Sinnen, bewohnen wir ihn.
Machen wir ihn zum sicheren Ort, wird er uns auch in den Stürmen des Lebens ein sicheres Zuhause sein.*

*Während unsere Empfindungen, Gedanken und Gefühle sich ständig ändern wie das Wetter, sind wir oft „außer uns“.
Im Körper können wir wirklich zur Ruhe und zu uns kommen.
Hierher kehren wir mit unserer Aufmerksamkeit immer wieder zurück, um uns zu besinnen, zu „erinnern“, zu entspannen und erholen.*

*Wenn unsere Aufmerksamkeit ganz bei den Sinneseindrücken in diesem Moment präsent ist, wechselt das Muster unserer Hirnaktivität vom beschäftigten, oft anstrengenden sogenannten Default Modus in den meist erholsamen, wahrnehmend-empfangenden, somatosensorisch präsenten Modus.*

# Hand und Fuß

Schau einmal deine Hand an, ganz so, als sähest du sie zum ersten Mal.
Was siehst du?

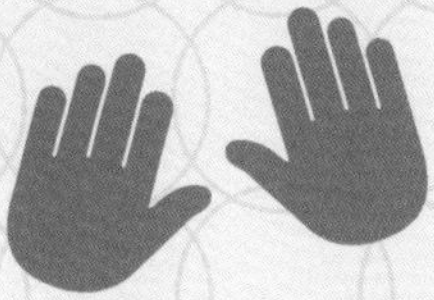

Dann schließ einmal die Augen. Spürst du deine Hand?
Wie fühlt sie sich von innen her an?
Warm, kühl, weich, lebendig, pulsierend vielleicht?

Fühlst du einen Unterschied zwischen den Handflächen und Handrücken?
Welchen?

Puste einmal auf deine Hand. Berühre sie mit der anderen.
Was tut ihr gut?

Spürst du deine Füße?
Die Zehen in den Schuhen, die Fußsohlen und Fußrücken?
Was bemerkst du dort?

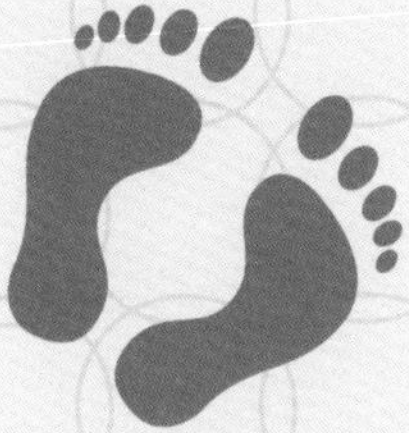

Spürst du dein Gesicht?
Wie fühlt sich das an?

Leg einmal eine Hand auf deinen Bauch.
Was spürt deine Hand?

*Begreifen –*
*Wenn deine Hand*
*etwas Lebendiges berührt,*
*berührst du das Leben,*
*das Leben berührt dich*
*und die lebendige Welt*
*begreift sich dabei selber.*

N. A.

# 1-2-3-Zentrierung im Körper

Lasst uns zusammen dreimal kräftig in die Hände klatschen: 1-2-3.
Schließt dann die Augen und haltet die Hände so vor dem Bauch,
als hieltet ihr einen Ball.

Was spürst du in den Händen? Prickeln, Pulsieren, Wärme, Kühle?
Kannst du deine Daumen wahrnehmen? Die kleinen Finger?
Nimm die Fingerspitze deines rechten Ringfingers wahr.
Und jetzt die deines linken.

Dann lass die Hände sinken und ruhen. Kannst du spüren, wie beim Einatmen
die Atemluft in deine Nase hineinfließt? Wie fühlt sich das an?
Spürst du, wie deine Brust und dein Bauch sich mit dem Einatmen weiten?
Und wie sie sich dann mit dem Ausatmen entspannen und ein wenig sinken?

Begleite einen ganzen Atemzug aufmerksam vom Beginn der Einatmung
bis zum Ende der Ausatmung.

Jeden Atemzug atmest du im Leben genau nur einmal – hier kommt dieser …

Entlasse dann deine Aufmerksamkeit mit dem Ausatmen und öffne die Augen wieder.

# Atmen mit den Pflanzen und Bäumen

*Unser Atem fließt in einem ganz persönlichen Rhythmus. Er bestimmt und spiegelt wider, wie wir uns fühlen.*
*Je gestresster wir sind, desto flacher und schneller geht unser Atem.*
*Mit einem langen, tiefen Atemzug können wir uns entspannen und erholen.*
*Und weil es uns leichtfällt, lang und tief zu atmen, ist der Atem unser wichtigstes Werkzeug für unser Wohlbefinden.*

Wie lange kannst du die Luft anhalten?
Zähl mal!

Wusstest du, dass die grünen Pflanzen, vor allem die Bäume,
genau die Luft einatmen, die wir ausatmen?

Und die Bäume und Pflanzen atmen genau die Luft aus,
die wir zum Leben brauchen!

So sind wir mit jedem Atemzug mit den Pflanzen auf der Erde verbunden.
Achten und sorgen wir gut für sie.

Hast du schon mal eine Pflanze gesät oder einen Baum gepflanzt?
Wo ist Platz dafür?

# Der Atemraum

Setze oder stell dich aufrecht hin.
Erlaube deinen Augen, sich zu schließen.
Spüre deine Füße am Boden.
Nimm deinen Körper wahr, so wie er sich jetzt anfühlt.

Spüre deine Kleidung auf der Haut und nimm die Geräusche um dich herum wahr.
Gönne dir dieses wache Wahrnehmen für ein paar Atemzüge lang.

Lass jetzt mit einem tiefen Einatemzug die Räume in deinem Körper sich weiten:
den Bauchraum, den Brustraum bis in die Schultern.
Begleite den tiefen Ausatemzug mit deiner Aufmerksamkeit bis ganz zum Ende des Ausatmens.
Wiederhole das mit ein paar Atemzügen.

Spüre dann noch einen Atemzug vom Beginn der Einatmung bis zum letzten Aushauchen der Ausatmung.

Nimm den Raum wahr, in dem du bist, die Menschen um dich herum, das Gebäude,
die Erde unter dem Gebäude, die Pflanzen, Tiere, Menschen draußen, den Himmel über uns.

Spüre die Welt um dich herum und entlasse dann deine Aufmerksamkeit.

Öffne die Augen und beende diese Übung mit Strecken, Räkeln, Gähnen.

*Das fühlt sich richtig gut an,*
*wenn man so sitzt wie ein König.*

Matti, 7 Jahre, nach der Übung
„Der Atemraum"

# Hand auf dem Bauch

Setze dich oder lege dich hin. Nun schließe die Augen:
Nimm einen langen tiefen Einatemzug
und stell dir dann vor,
wie dein Körper mit dem langen Ausatemzug
ein wenig nach unten sinkt.

Lege deine Hände, ein Kuscheltier oder einen Stein
auf den Bauch. So kannst du spüren,
wie die Hände oder der Gegenstand
mit jedem Einatmen ein wenig steigen
und mit jedem Ausatmen ein wenig nach unten sinken.
Atemzug für Atemzug.

*Da habe ich den Bären meiner Mama geliehen, die hatte nämlich richtig Stress.*
*Sie hat ihn auf ihren Bauch gelegt und danach wurde sie ganz ruhig.*
*Das hat ihr richtig gutgetan und sie hat sich gefreut.*

Franziska, 8 Jahre, nach der Übung „Hand auf dem Bauch"

# Hand auf dem Bauch – Herausforderung

Lege bitte einmal eine Hand auf deinen Bauch.
Was spürt deine Hand?

Spürst du, wie dein Bauch sich bewegt? Wie jeder Einatemzug deinen Bauch hebt und weiter werden lässt?
Und wie jeder Ausatemzug deinen Bauch dann sinken lässt, ihn kleiner macht?

Was glaubst du, kannst du eine Minute lang die Atemzüge zählen,
während ich versuche, deine Aufmerksamkeit abzulenken?
*(Frage in die Runde: „Wer hilft mir beim Ablenken?" Wähle ein Kind aus.
Besprecht die Spielregeln für das Ablenken, damit sich alle sicher fühlen.)*

Okay, die Minute beginnt jetzt!
*(Ein Gong ertönt. Ihr beiden lauft durch den Raum
und macht moderate Störgeräusche, während die Kinder versuchen,
die Atemzüge zu zählen. Der Gong ertönt nach einer Minute.)*

Wie ging das, wer konnte beim Atemspüren und -zählen bleiben?
Wer konnte immer wieder dahin zurückkehren?

Wie viele Atemzüge habt ihr gezählt?
Habt ihr die Ein- oder die Ausatemzüge gezählt oder beide?
Wie fühlen sich euer Körper und euer Atem jetzt an?

nach einer Idee von D. Rechtschaffen

# Die Bären-Atmung

Stellt oder setzt euch hin
und streckt die Arme weit nach oben.
Reckt, streckt, räkelt euch, gähnt dabei
und lasst die Stimme frei.
Erlaubt euch Bewegungen, die guttun.

Dann sinken die Arme
und mit dem nächsten Einatemzug
hebt ihr eure Schultern nach vorn oben
so nahe an die Ohren, wie es geht.

Mit dem Ausatmen lasst ihr gleich die Schultern
nach hinten herunterfallen
und lasst die Stimme dabei frei
mit einem tiefen, wohligen Bären-„Hoooa“.
*(Wenigstens dreimal gemeinsam im Chor wiederholen,
dann Körper ausschütteln.)*

Wie fühlt sich das an im Körper?

*Es war schön …
weil ich lachen musste.*

Carlo, 9 Jahre, nach der Übung „Die Bären-Atmung“

# Wie ein Baum zwischen Erde und Himmel

Stell die Füße fest auf die Erde.
Alle deine Zehen drücken ein wenig gegen den Boden.
Stell dir vor, sie wären die Wurzeln eines Baumes.
Deine Knie sind ganz leicht gebeugt.

Mit dem nächsten Einatemzug
wächst du einen Zentimeter zum Himmel hin,
bleibst aber dabei fest am Boden verwurzelt.

Deine Brust und dein Bauch weiten sich mit der frischen
belebenden Luft, die dich erfüllt.

Mit dem Ausatemzug lässt du dich einen halben Zentimeter
nach unten zur Erde sinken und spürst,
wie die Erde dich sicher trägt.

*Die Erde, die Erde, sie trägt dich*
*und mich und uns alle,*
*den Hasen, die Maus, die Bäume,*
*die Frösche, Ameisen und das Gnu*
*bis ans Ende der Zeit.*

N. A.

# Die Delfinflossen

Stehe aufrecht und würdevoll.
Spüre deine Füße und Zehen am Boden.
Die Knie sind ganz leicht gebeugt und beweglich.
Dein Atem fließt frei.

Strecke eine Hand aus wie eine Delfinflosse
und lege das untere Gelenk des Daumens
zwischen die Augen.
Die Handfläche zeigt zur Seite.
Atme ein und aus.
Schließe die Augen und führe dann langsam die Hand über Nase
nach unten über den Mund, das Kinn und den Hals bis zur Brust.

Dort angekommen, atmest du weiter
und legst die andere Hand an die erste.
Du spürst deine Mitte und deinen sicheren Stand auf der Erde.

Dann öffnest du deine Augen und spürst dich kraftvoll
zwischen Erde und Himmel
im Zentrum in deiner Welt.

# Gemeinsam summen und tönen

*Je nach Situation und Zeit können die Kinder auf ihren Stühlen sitzen oder auch ganz nahe beieinanderstehen.*

Lasst uns einmal lauschen, wie es klingt,
wenn wir gemeinsam Töne singen.

Wir starten mit einem Summen.
Die Bienen im Bienenstock summen wohlig,
dann ein wenig lauter, denn da kratzt jemand am Bienenstock
und will Honig stehlen.
Jetzt summen sie so aufgeregt und gefährlich,
dass der Honigdieb lieber wieder geht.
Da beruhigen sich die Bienen wieder.
Wo spürst du dabei deinen Körper vibrieren?
Nimm gerne die Hände zu Hilfe.

Jetzt singen wir ein „Ahhhh“.
Wie fühlt sich das an? Wo vibriert dein Körper nun?

Nun ein „Ohhhhh“.
Und dann ein „Uhhhhh“.
Wo spürst du Unterschiede im Körper?

# Die Klopfmassage

*Im alten China stellten die Menschen sich vor, wie zu Beginn der Zeit Erde und Himmel eins waren. Erst als der Mensch sich auf zwei Beine aufrichtete, öffnete er dadurch den Raum zwischen Mutter Erde und Vater Himmel. Seit dieser Zeit leben wir Menschen getragen und genährt von der lebendigen Erde unter unseren Füßen und angeregt vom weiten, grenzenlosen Himmel über unseren Köpfen.*

Wir beginnen im Stehen mit geschlossenen Augen.
Du spürst deine Füße am Boden.
Deine Zehen greifen gegen den Boden
und du spürst jeden einzelnen Zeh fest und sicher verbunden
mit der Erde.
Du nimmst wahr, wie dein Körper, genau wie ein Baum,
der fest in der Erde verwurzelt ist, nach oben zum Himmel sich aufrichtet.
Du spürst, wie der Atem deinen Körper bewegt,
genau wie der Wind die Äste, Zweige und Blätter des Baumes bewegt.

Deine Augen öffnen sich und deine rechte Hand
schließt sich locker zu einer weichen Faust.
Damit klopfst du nun dein Brustbein und den Brustkorb ab.
Du singst dabei ein „Ahhh" und spürst, wie dein Brustkorb vibriert.
Wenn der Ton verklungen ist, klopfst du hinüber zur linken Schulter
und von der Schulter innen am Arm hinunter bis zur Handfläche und zu den Fingerspitzen.

Fortsetzung

# Die Klopfmassage

Dann wendest du die Hand und klopfst weiter von den Fingerspitzen über den Handrücken am Arm außen nach oben zurück und bis zur Schulter.

Dein linker Fuß macht einen kleinen Schritt nach vorn, damit du dich gleich gut vorbeugen kannst.
Mit beiden Fäusten klopfst du nun von der linken Achsel außen am Brustkorb nach unten über die Hüfte und den Oberschenkel links bis runter zum Fuß, nach vorn bis zu den Zehen und über die Fußsohle innen am Bein wieder nach oben über die Leiste und den Bauch zurück zur Brust.

Dort angekommen, schließt du die Augen für einen Moment und lässt die Arme hängen.
Spüre in deinen Körperraum hinein.
Hallt das Klopfen nach? Fühlt sich die linke, geklopfte Körperhälfte anders an als die noch ungeklopfte rechte?
Beschreibe den Unterschied laut mit einem Wort, das alle hören können.

Öffne jetzt die Augen wieder und die linke Faust klopft die rechte Körperseite vom Brustbein über die rechte Schulter, innen am rechten Arm bis zu den Fingerspitzen, außen wieder nach oben zur Schulter.
Dann von der Achsel mit beiden Fäusten außen am Brustkorb nach unten, über Becken, Bein und Fuß bis zu den Zehenspitzen, über die Fußsohle innen am Bein über die Leiste und den Bauch zurück zur Brust.

Nimm mit geschlossenen Augen die beiden Körperhälften von innen her noch einmal wahr.

Wie fühlen sie sich jetzt an?

# Reise durch den Körper

*Die Reise wird am besten nach einer körperlichen Bewegung durchgeführt. Auf dieser Reise versuchen wir, allem, was wir in uns wahrnehmen, mit Aufmerksamkeit zu begegnen, ohne etwas davon festzuhalten.*
*Die innere Haltung ist dabei möglichst offen, freundlich und zugewandt.*
*Unsere Aufmerksamkeit lassen wir mit den Atembewegungen durch den ganzen Körper fließen.*

Richte dich im Sitzen oder Liegen auf einem Kissen, einer Matte oder Decke ein.
Decke dich zu, wenn es kühl ist. Dann schließen sich die Augen.

Du spürst dich auf deiner Unterlage. Wie in einem Scanner tastet nun deine Aufmerksamkeit die Rückseite deines Körpers vom Kopf bis zu den Füßen ab.

Du nimmst einen tiefen Ein- und Ausatemzug und spürst deine Füße auf der Unterlage, deine Fersen, die Zehen und die Räume zwischen den Zehen.

Dein Atem fließt und du spürst deine Fußsohlen, Fußrücken und die Fußgelenke, die Unterschenkel bis hinauf zu den Knien, die Oberschenkel und die Hüftgelenke.

Du nimmst dein Gesäß auf der Unterlage war. Und spürst, wie der nächste Einatemzug deinen Bauch weitet.
Wie dein Bauch sich dann mit dem Ausatmen entspannt.
Fühlst du deinen Nabel?

Fortsetzung

# Reise durch den Körper

Du spürst deinen Rücken vom Gesäß bis hinauf zu den Schultern.
Du spürst deinen Brustkorb und vielleicht auch dein schlagendes Herz.
Bewegen sich deine Schultern mit dem Atem?

Du nimmst deine Arme wahr bis hinunter zu den Fingern und den Fingerspitzen
und zurück durch die Arme in die Schultern.
Du spürst deinen Hals und deinen Kopf.

Kannst du spüren, wie die Einatemluft durch die Nase oder den Mund in dich hineinfließt?

Stell dir vor, wie dein ganzer Körper sich mit frischem Sauerstoff füllt.
Bemerke die kleine Pause am Ende des Einatmens.
Und spüre, wie sich dein Körper mit dem Ausatmen ein wenig entspannt.
Atemzug für Atemzug ...

Am Ende dieser Reise durch deinen Körper
reckst du dich und streckst dich und beendest diese Reise so,
wie es für dich angenehm ist.
Vielleicht möchtest du beschreiben,
wie du dich auf dieser Reise gefühlt hast.
Was hast du gespürt? Wie ist es jetzt in dir drin?
Du kannst das auch malen, wenn du willst.

*Bin ich denn das Wichtigste in der Welt für mich?*
*Ich dachte, das wären meine Eltern.*

Finnie, 7 Jahre, zurück von der „Reise durch den Körper"

# Wie wir (bewusst) wahrnehmen

## KAPITEL 4

***Geschöpftes Leben***
*Christen glauben, dass Gott, die Schöpferkraft,*
*die Menschen nach ihrem Bilde schuf: schöpferisch.*
*Am schönsten verkörpern wir das schöpferische Lebensprinzip dadurch,*
*dass wir selbst unser Leben gestalten.*
*Wenn wir bewusst und weise wählen,*
*was wir wahrnehmen und „wahrgeben“ wollen,*
*dann leben wir ein schöpferisch gestaltetes Leben.*

N. A.

# Wie wir (bewusst) wahrnehmen

*Wir nehmen die ganze Zeit, unser ganzes Leben lang, wahr – sogar im Traum.*

*Dabei wird unsere Aufmerksamkeit meist von äußeren oder inneren Ereignissen angezogen. Das, worauf unsere Aufmerksamkeit dann gerichtet ist, nehmen wir mit den Sinnen auf. Das ist dann unsere „Welt".*

*Wenn wir achtsam dafür sind, können wir dabei mitbestimmen, worauf wir achten wollen. Durch diese bewusste Wahl gestalten wir unsere Welt.*

*In diesem Sinne sind wir durch achtsames Wahrnehmen „wahrgebend" schöpferisch.*

*Damit verwirklichen wir Joseph Beuys' Überzeugung, dass jeder Mensch ein Künstler ist. Und wir vervollständigen Immanuel Kants aufklärerische Maxime, wenn wir uns nicht nur mutig unseres eigenen Verstandes bedienen, sondern auch kreativ und gern freudvoll unsere Gestaltungskräfte entfalten.*

*In Bildungskontexten unterstützen wir das, indem wir Muße, Inspiration und Gelegenheiten zum sinnhaften Erleben ermöglichen.*

# Süßes achtsam genießen

*Je nach Jahreszeit und Anlass bringst du den Kindern Süßigkeiten oder Obst mit: Kirschen, Äpfel, Lollis, Schokoladen-Nikoläuse oder -Osterhasen.*
*Bitte die Kinder, nicht gleich los zu naschen.*
*Sondern bitte sie, wenn alles verteilt ist:*

- Packt erst einmal langsam aus.
- Schaut euch jetzt die Form genau an. Was seht ihr?
- Wie fühlt es sich an, wenn ihr die Form mit den Fingern nachfahrt?
- Was riecht ihr?
- Mögt ihr vielleicht sogar dran lauschen? Hört ihr was?
- Wie fühlt es sich an den Lippen an und auf der Zunge? Was passiert im Mund?
- Was spürt ihr, wenn ihr jetzt ein Stück abbeißt?

*Ihr könnt gemeinsam beschreiben, was ihr wahrnehmt.*
*Die Haltung dabei ist wertschätzend für alle Beiträge.*
*So entsteht ein gemeinsames Erlebnis,*
*das als bereichernd und verbindend erlebt wird.*

*Überlegt gerne auch, woher die Frucht oder Süßigkeit kommt, was und wer alles daran beteiligt war, dass ihr sie jetzt essen könnt. Daraus kann Wertschätzung und Dankbarkeit entstehen für die fruchtbare Erde, die verschwenderische Natur und für die Arbeit der beteiligten Menschen.*

*Endlich musste ich mal nichts können.*
*Ich durfte einfach sagen, was ich denke und fühle,*
*und das wurde nicht direkt als richtig oder falsch bewertet.*

Charlotte, 14 Jahre, nachdem sie Süßes achtsam genossen hat

# Achtsam essen

Nimm dir eine Rosine, Weintraube oder eine andere Frucht. Bemerke die Gewohnheit, sie gleich in den Mund stecken zu wollen und halte dich zurück. Schau dir erst einmal an, was genau du da in der Hand hältst. Was siehst du? Welche Farben, Formen, Größe? Reflektiert die Oberfläche das Licht? Scheint das Licht hindurch?

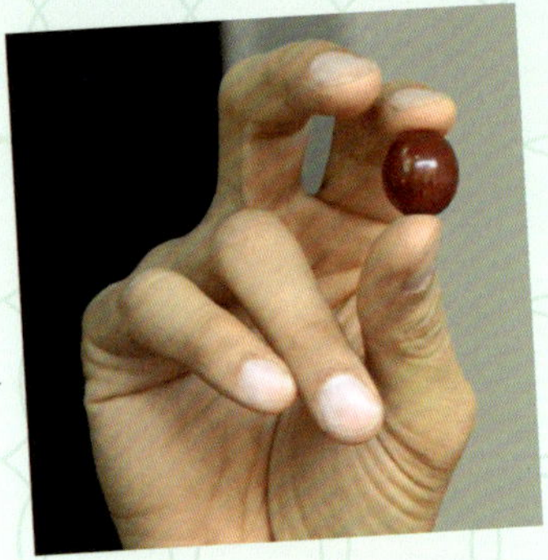

Wie fühlt sich die Frucht zwischen deinen Fingern an? Glatt oder rau?
Gibt sie nach, wenn du sie drückst? Welche Temperatur hat sie? Und welches Gewicht?

Wenn du sie am Ohr leicht drückst, hörst du etwas? Wie riecht sie?
Wie fühlt sie sich an den Lippen an? Wie zwischen den Zähnen, und wie, wenn du sie mit der Zunge berührst?

Noch nicht zubeißen! Bewege sie erst einmal eine Weile im oder am Mund hin und her. Was nimmst du wahr? Geschmack? Was schmeckst du im Vergleich zum Riechen? Temperatur? Oberfläche? Größe? ...

Fließt der Speichel schon? Dann bereite dich auf das Beißen vor:
Schließe die Augen und spüre genau, wie deine Zähne die Frucht zerbeißen.
Was bemerkst du beim Kauen?
Wenn du die Frucht ganz geschluckt hast, was bleibt danach noch im Mund?
Im Anschluss können wir sammeln, was wir gerade alles anders gemacht haben als sonst und was ihr dabei empfunden habt. Habt ihr Lust, euer Essen immer mal wieder so achtsam und intensiv zu erleben? Vielleicht während einer regelmäßigen „Klostermahlzeit"?

# Die Glitzermeditation

*Setze dich zu Beginn eines Tages, einer Unterrichtsstunde oder vielleicht auch zu deren Ende mit den Kindern um ein großes, mit Wasser gefülltes Glas. Hierzu eignet sich z. B. eine große, runde Glasblumenvase. Außerdem brauchst du verschiedenfarbigen Glitzer.*

Wie geht es dir heute?
Spüre in dich hinein.

Wähle eine Glitzerfarbe, die zu deiner Stimmung passt.
Streue sie ins Glas.
*(Wenn alle ihren Glitzer eingestreut haben,*
*rührt das letzte Kind um.)*

Betrachtet die Glitzerwolke.
*(Die Kinder beobachten still, wie die Glitzerwolke langsam kreisend*
*zu Boden sinkt und sich sammelt.*
*Wenn sich der Glitzer vollständig gesetzt hat und das Wasser wieder*
*ganz klar geworden ist, könnt ihr über Erlebtes sprechen.)*

Was hast du erlebt?

# Der weite Blick

Wenn wir gewohnt sind, achtsam zu schauen,
können wir auch staunend abends die Sterne über uns betrachten.

Was spürst du (im Körper), wenn du so weit in den Weltraum schaust?
So unermesslich weit ist der Raum!
Und so kostbar ist unsere lebendige Erde.

Sorgen wir gut für sie, sie ist unser gemeinsames Zuhause!

*Und wenn wir in klaren Nächten staunend in den Sternenhimmel schauen,*
*dann schaut sich das Universum mit unseren Augen selber an*
*und staunt über sich mit unseren Herzen.*

N. A.

# Schule bewegt gestalten

*Bewegung macht Sinn, denn Kinder lieben Bewegung und wollen mit ihren Sinnen die Welt berühren und erkunden. Schön ist es und motivierend, wenn es gelingt, diesen Bedürfnissen gerecht zu werden.*

*Gemeinsam singen und sich bewegen macht den meisten Kindern Freude. Lieder wie z. B. „Hip Hop, Schule ist top“ von Daniel Kaullach passen prima in die Schule.*

*Bewegung und Haltungswechsel im Alltag tun auch uns Erwachsenen gut und ein Kreis stärkt das Gemeinschaftsgefühl.*

Bringt euch bitte ein Kissen von zu Hause mit.
Darauf sitzt ihr bequem auf euren Stühlen.
Ihr könnt es mit nach vorn nehmen in den Vorlesekreis oder bei einer Ruheübung den Kopf darauf legen.

# Berühren und begreifen

*Um Neues, wie hier den Buchstaben „Z“, wirklich zu „begreifen“, ist es sinnvoll, mit Knetaufgaben den Tastsinn und die Hände anzusprechen.*

*Auch mithilfe von Massagen können wir berühren, begreifen und einander etwas Gutes tun.*

Mögt ihr gern wohlig berührt werden und berührt ihr gern andere Menschen und Tiere?
Wer mitmachen möchte, findet eine Partnerin oder einen Partner.
Wer heute lieber für sich bleibt, kann sich selber z. B. die Hände, Füße oder das Gesicht massieren oder kann derweil etwas malen.

Wer möchte den Igelball nehmen und damit den Rücken massieren?
Das geht im Sitzen, Stehen oder Liegen.
Wer massiert wird, kann natürlich sagen, ob es wohltut und was ihr euch noch wünscht.
Ihr könnt auch Buchstaben, Gegenstände oder Tiere auf den Rücken zeichnen und das massierte Kind sagt, was es spürt.

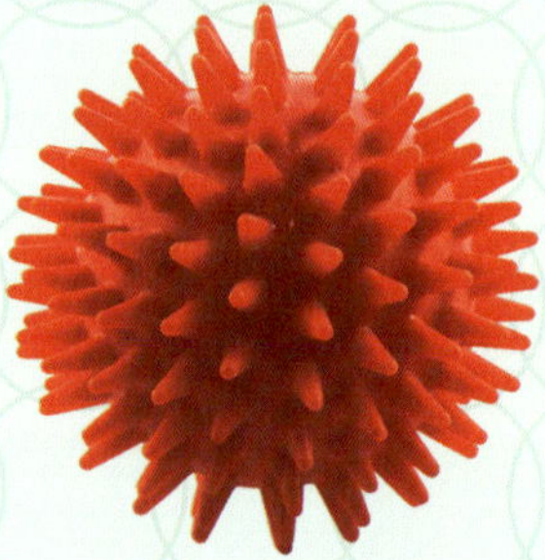

Wenn‘s genug ist, tauscht ihr die Rollen.

# Bewusst bewegen am Morgen

Stellt euch bitte hinter eure Stühle. Atmet dreimal ein und dreimal lange aus.
Stellt euch auf das linke Bein. Konzentriert euch auf euren Bauchnabel, dann steht ihr sicher.

Jetzt reist die rechte Hand vom Scheitel zum Po und von dort zur Stirn, zum linken Auge, dann zum rechten, weiter zum linken Nasenflügel und zum rechten, hinunter zum linken Mundwinkel, dann zum rechten, hinauf zur Nasenspitze, um den Mund herum zum Kinn und hinab zum Bauchnabel.

Die rechte Hand bleibt auf dem Bauchnabel liegen, der linke Fuß stellt sich hin. Atmet tief ein und wieder aus.
Eure Füße werden zu euren Wurzeln. Ihr steht mit beiden Füßen fest und sicher auf der Erde.

Jetzt löst sich der rechte Fuß vom Boden und die linke Hand unternimmt die gleiche Reise.
*(Die „Reise"beschreibung für die linke Hand analog zur rechten wiederholen.)*

Die linke Hand bleibt auf dem Bauchnabel liegen, der rechte Fuß stellt sich hin. Atmet tief ein und wieder aus.
Eure Füße werden zu euren Wurzeln. Ihr steht mit beiden Füßen fest und sicher auf der Erde.

Eure Arme heben sich und bewegen sich über Kreuz wie eine Achterbahn.
Steht für eine Weile mit den Armen nach oben gestreckt und nehmt sie dann langsam wieder nach unten.
Spürt, wie das Blut nach unten fließt.
Atmet noch einmal lange tief ein und wieder aus.

Spürt nach und setzt euch still und ohne ein Wort auf euren Platz.

nach Ideen von Karen Klever

# Der Daumen-Küss-Lauf

Haltet beide Hände vor euch hoch.
Eure Augen schließen sich.
Lasst die Finger einmal zappeln,
dann werden sie ganz still.

Alle zehn Finger machen jetzt den Daumen-Küss-Lauf:
Der Zeigefinger bewegt sich langsam zum Daumen und tippt an die Spitze,
dann folgt der Mittelfinger.
Jetzt tippt der Ringfinger an die Daumenspitze
und zum Schluss der kleine Finger.

Und nun rückwärts:
Der kleine Finger beginnt den Daumen-Küss-Lauf.

Wiederholt den Daumen-Küss-Lauf dreimal.
Jedes Mal werden die Finger etwas schneller.

# Bewusst fühlen, denken und handeln

## KAPITEL 5

*Wir fühlen den Schmerz, aber nicht die Schmerzlosigkeit;*
*wir fühlen die Sorge, aber nicht die Sorglosigkeit;*
*die Furcht, aber nicht die Sicherheit.*

Arthur Schopenhauer

# Bewusst fühlen, denken und handeln

*Unser Gehirn denkt fast immer, das ist seine Natur. Es erinnert sich, plant, fantasiert, hat Vorstellungen und Meinungen. Als Erwachsene ist unser Geist dabei jedoch die meiste Zeit mit Problemen beschäftigt.*

*Über die zehntausende von Jahren unserer Entwicklung haben vor allem diejenigen von uns ihre Gene an die nächste Generation weitergegeben, die sich im Geiste schon mit Problemen beschäftigt haben, die noch nicht da waren. Der Neurowissenschaftler Rick Hanson nennt das den Klettverschluss-Effekt unseres Geistes: Schwieriges, Unangenehmes, Problematisches hält sich in unserem Geist fest wie Kletten.*[8]

*Zum Ausgleich ist es schön und sinnvoll, auch zu lernen, unseren Geist ganz bewusst dem Wunderbaren, Schönen und Einmaligen unseres Lebens zu öffnen. Und da unserer Aufmerksamkeit diese Eindrücke oft wie in einer Teflonpfanne durchrutschen, braucht es ein bewusstes Innehalten und ein Den-Geist-darauf-Ausrichten, damit wir auch das Schöne und Wunderbare deutlich spüren.*

*Je öfter wir bewusst unsere Aufmerksamkeit darauf lenken, desto besser gelingt uns das. Unser lebendiger Atem ist dabei ein guter Anker für bewusstes Aufmerksamsein.*

[8] Vgl. Hanson, Rick (2019). Das resiliente Gehirn. Wie wir zu unerschütterlicher Gelassenheit, innerer Stärke und Glück finden können. Freiburg: Arbor Verlag.

# Angenehmes und Schönes bewahren

Was hast du heute oder gestern Angenehmes oder Schönes erlebt?
Worüber hast du dich gefreut? Was fühlte sich gut oder wohlig an?

Schließe die Augen und stell dir das Angenehme noch einmal vor.
Was siehst du, spürst du, fühlst du? Wird dir vielleicht warm oder weit und frei ums Herz?
Nähre und stärke diese Empfindungen mit Aufmerksamkeit!

Magst du wohlig seufzen und dich regen? Lächelt dein Gesicht? Lächelt dein Herz?
Räkle, strecke oder gähne, wenn du willst.

Lege nun deine kostbaren Erinnerungen in die Schatzkiste deines Gedächtnisses.
Und nimm dich hier und jetzt, an diesem Ort, in dieser Runde wahr.

Magst du malen, was so angenehm für dich war?
Magst du davon erzählen?

Wenn du willst, denke jeden Abend vor dem Einschlafen
an die schönen Erlebnisse des Tages.
Nimm sie aus der Schatzkiste deiner Erinnerungen
und freue dich noch einmal daran.

Vielleicht magst du dem vergangenen Tag dann auch danken für seine Geschenke an dich.

# Hand – Atem – Herz

Hebe einmal einen Arm
und balle die erhobene Hand zur Faust.

Was macht dein Atem?
Stockt er?
Wenn ja, dann lass ihn fließen!

Lass nun die Hand sinken,
öffne sie leicht mit dem Einatmen
und lass sie sich sanft schließen
mit dem Ausatmen.

Atemzug für Atemzug.
So lange, wie du möchtest.

*Mit einer geballten Faust*
*können wir niemandem die Hand reichen.*
Indira Gandhi

# Hand aufs Herz

Lege eine Hand aufs Herz oder auf den Bauch.
Schließe die Augen oder lass den Blick sinken.
Nimm wahr, wie dein lebendiger Atem
deinen Brustkorb und Bauch bewegt,
Atemzug für Atemzug.

Jedes Mal, wenn du bemerkst, dass ein Gedanke
oder ein Gefühl deine Aufmerksamkeit vom Atem ablenkt,
hebe die Hand.

Lege sie dann zurück auf dein schlagendes Herz
oder deinen Bauch,
spüre dich warm, beweglich und lebendig
in diesem Atemzug ...
und in diesem Atemzug ...

*Ich habe mich ganz wohl gefühlt, wie zu Hause.*

Marie, 7 Jahre, nach der Übung „Hand aufs Herz"

# Danken

Wieder hat die Erde sich einmal
um sich selbst gedreht.

Der Morgen kam,
der Tag verging,
nun ist Abend.

Danke, dass ich lebe.
Danke für all die schönen Momente heute.
Danke für meine Familie und Freunde.

Danke für die lebendige Erde mit all ihren Wesen,
für den Wind, die Vögel,
den Himmel, die Sonne und die Sterne.

Danke für diesen Tag.

*Glück macht uns nicht dankbar,*
*Dankbarkeit macht uns glücklich.*
Bruder David Steindl-Rast

# Verkörpern

*Unsere Gedanken und Gefühle entsprechen immer auch körperlichen Vorgängen. Freude und Freundlichkeit zeigen wir im Gesicht, ebenso wie Ekel oder Wut. Staunen oder Erschrecken wirken auf unseren Atemrhythmus und auf unser Herz. Stress aktiviert z. B. unsere Muskeln und drosselt die Verdauung.*
*Je bewusster wir unseren Körper, seine Regungen und Bedürfnisse wahrnehmen, desto besser können wir entscheiden, wie wir handeln wollen. Das wird „Impulsregulation" genannt. Mit dem Verkörpern von Tierqualitäten in alten Qigong-Übungen aus China können wir unser Achtsamsein fördern und bewusst positiven Einfluss auf die Gesundheit von Körper und Geist nehmen.*

| | Tier | Qualitäten | Element | stärkt Organkreise |
|---|---|---|---|---|
|  | **Der Bär** steht schwer, fest und sicher. Seine Schritte setzt er hörbar und bestimmt.<br>Sein Brummen ist tief und wohlig vibrierend. | stabile Sicherheit, Vertrauen, harmonisiert Blutdruck | Erde | Milz – Magen |
|  | **Der Kranich** steht sicher und voller Anmut. Er breitet seine Schwingen weit und leicht aus.<br>Sein Ruf trägt weit. | sorglose Anmut, selbstbewusst sein, Präsenz, Gleichgewicht | Metall | Lunge – Dickdarm |

Fortsetzung

# Verkörpern

| | Tier | Qualitäten | Element | stärkt Organkreise |
|---|---|---|---|---|
|  | **Der Tiger** bewegt sich katzengleich, kraftvoll, majestätisch und lautlos. Er kann furchterregend fauchen. | majestätischer Mut, im Fluss sein, Furchtlosigkeit, innere Wärme | Wasser | Nieren – Blase |
|  | **Der Hirsch** ist der Meister des fliegenden Laufs, er wechselt blitzschnell zwischen An- und Entspannung. Wenn er röhrt, lauschen alle Tiere im Wald. | flexible Schnellkraft, Entspannung, Heiterkeit, „in Form bleiben" | Holz | Leber – Galle |
|  | **Der Affe** bewegt sich flink. Er schaut wach, seine Augen blitzen voller Humor und Schalk. Mit seinem Rufen bringt er uns zum Lachen. | wacher, humorvoller Geist, Sammlung & Konzentration | Feuer | Herz – Dünndarm |

 Für Details siehe z. B.: Brunner, R., Altner, N. (2004). Qigong in der Schule. Entspannung, Konzentration und Ruhe. Mülheim: Verlag an der Ruhr.

# Berührende und nährende Beziehungen pflegen

## KAPITEL 6

*Frieden beginnt in unserem Herzen.*

N. A.

## Berührende und nährende Beziehungen pflegen

*Wenn die Wut, der Ärger oder die Trauer meines Gegenübers nicht automatisch auf mein Bewusstsein überspringt, weil ich zwar mitfühle, aber nicht außer mir gerate, dann halte ich den uralten Kreislauf des Leidens an, weil ich die Erregung nicht weitergeben muss, wie eine ansteckende Krankheit.*
*Dann ermögliche ich wahre Begegnung und lege die Basis für ein friedvolles Miteinander.*
*Der Frieden beginnt in mir.*

*Vielleicht gelingt es uns, nicht nur mit uns selbst und den Kindern achtsam zu sein, sondern auch mit den Kolleginnen und Kollegen eine achtsame Teamkultur aufzubauen.*

*Stell dir vor, wie es wäre, wenn wir im Miteinander immer wieder gemeinsam Momente des Innehaltens und Zu-uns-Kommens einlegten. Wie es wäre, wenn wir einander bei Anliegen (auch in Telefonaten) gegenseitig fragten: „Hast du mal einen Moment für mich?“, und dann auch ehrlich antworten könnten: „Grad passt es mir gar nicht, aber vielleicht in einer Stunde.“ Wie wäre es, wenn wir vereinbarten, in Einzel- und Teambesprechungen auf abwertende Gesten, Worte, Augenverdrehen, Ignorieren u. Ä. zu verzichten und stattdessen davon ausgingen, dass jede und jeder potentiell wertvolle Beiträge zum Ganzen geben kann?*

*Wie wäre es, wenn wir unseren Umgang miteinander regelmäßig zum Gegenstand unserer gemeinsamen Reflexion und Gestaltung machten? Was täte dir, uns und den Kindern gut?*

# Aufmerksamkeit schenken

Hast du es schon einmal erlebt, wenn dir jemand seine ganze Aufmerksamkeit schenkt?

Wie fühlt sich Zuwenden und Zuhören an?
Magst du dieses Gefühl?

Immer, wenn im Unterricht jemand etwas vorträgt,
oder einfach, wenn jemand spricht, dann wendest du deinen Kopf,
deinen Oberkörper, vielleicht auch die Knie diesem Menschen zu.

Schau der Person in die Augen und höre ihre Worte.
Empfange sie freundlich mit deinen Ohren,
wie ein kleines Geschenk.

Wie fühlt sich das an?

Wenn wir die Gefühle dabei mögen,
dann können wir beschließen,
dieses achtsame Zuwenden und Zuhören
beizubehalten.

nach einer Idee von Karen Klever

# Augenblick zu zweit

Schaut euch zu zweit an,
seid ganz bei euch selbst und ganz beieinander.

Sagt euch, was ihr im Körper jetzt spürt.
Bleibt dabei in Verbindung miteinander
und in Verbindung mit euren Empfindungen.

Zum Beispiel:
„Wenn ich dich anschaue, merke ich,
wie mein Herz schneller schlägt und mir warm wird.“ –
„Mir wird auch warm und mein Herz wird so weit,
dass ich einen tiefen Atemzug nehmen kann.“ –
„Mein Herz weitet sich jetzt auch, ich atme tief und sehe,
wie deine Pupillen jetzt gerade ein wenig größer werden.“ …

*Ich sehe, wie du mich siehst,*
*spüre, wie du mich spürst,*
*das fühlt sich wunderbar wertvoll an!*

Paul, 10 Jahre, nach der Übung „Augenblick zu zweit“

# Du und ich

Wenn ihr dieses Gedicht lest oder hört, was regt sich dann in euch?
Wie fühlt es sich an, wenn du jemandem in die Augen schaust?
Vielleicht auch dir selbst im Spiegel?

Ich liebe den Moment,
in dem du mich ansiehst und
etwas zwischen uns passiert,
das sich nicht in Worte fassen lässt.

Wir sind beide da,
leben in einer Gleichzeitigkeit,
sind gegenwärtig mit
unserem Wesen
und erleben den tiefen Sinn,
der schon im Sein besteht.

Wir sind. Das ist unser Sinn.

Anonym

# Mit der Kraft der Vorstellung

*Unser Geist ist nicht nur fähig, zu denken und bewusst wahrzunehmen, er bemerkt nicht nur, wenn die Aufmerksamkeit mit Gedanken, Gefühlen oder Sinneseindrücken beschäftigt ist; unser Geist kann auch bewusst Qualitäten in unserer Vorstellung und im Körper hervorrufen. Lasst uns diese Fähigkeit weise nutzen, denn sie eröffnet uns vielfältige und wirkmächtige Gestaltungsmöglichkeiten im Leben.*

**Weisheitsgeschichte**

Eines Nachts saß ein alter Indianer mit seinem Enkelsohn am Lagerfeuer.
Um die beiden war es dunkel,
am unendlichen Himmel über ihnen leuchteten die Sterne
und das Feuer knackte.
Der Alte sagte nach einer Weile des Schweigens:
„In meinem Leben fühlt es sich immer wieder so an,
als ob in meinem Herzen zwei Wölfe miteinander kämpften.
Einer der beiden ist aggressiv, grausam und voller Rache,
der andere hingegen ist sanft, liebevoll und mitfühlend."

„Welcher der beiden gewinnt den Kampf um dein Herz, Großvater?",
fragte der Junge.

„Der Wolf, den ich füttere", antwortete der Alte.

# Gute Wünsche

Wir können uns selbst, aber auch anderen Menschen gute Wünsche senden.
Probieren wir aus, wie sich das anfühlt:

Stell dir jemanden vor, den du sehr gern hast.
Spüre dann, was du dieser Person wünschen magst.
Beginne deine Sätze leise für dich mit: „Genau wie mir wünsche ich dir …“
z. B. Ruhe und Kraft, Gesundheit und Wohlergehen, Sicherheit,
genug zu Essen und Wärme, Freude, Liebe und Geborgenheit.

Wie fühlt es sich an, wenn du diese Wünsche wünschst?

Dann stell dir eine Person vor, die du kennst, mit der du aber kaum zu tun hast.
Vielleicht magst du auch ihr Ähnliches wünschen: „Genau wie mir wünsche ich dir …“
z. B. Ruhe und Kraft, Gesundheit und Wohlergehen …

Wie ist das für dich?

Magst du auch damit experimentieren, wie es sich anfühlt, wenn du jemandem,
über den du dich geärgert hast, die guten Wünsche sendest?
„Genau wie mir wünsche ich dir …“
z. B. Ruhe und Kraft, Gesundheit und Wohlergehen …
Wie fühlt sich das an für dich?

*Ich wünsche dir …*

*Ich wünsche mir,
dass es Frieden gibt überall auf der Welt und
dass die Menschen es so gut haben wie ich.*

Till, 9 Jahre

# Einfach freundlich sein

Verabreden wir eine Woche lang,
jede Gelegenheit zu nutzen,
um aufmerksam und freundlich zueinander zu sein:

Hältst du mir die Tür auf oder ich dir?
Helfen wir uns aus der Jacke,
begrüßen wir uns am Morgen
und wünschen uns alles Gute am Nachmittag?

Ich bring dir einen Nachtisch mit
und freue mich über deinen Dank.

Welche Freundlichkeiten mögen wir wirklich?
Und was empfinden wir als übertrieben?

Was würden wir gern beibehalten?

Weitere Ideen, wie wir Freude tanken können, indem wir einfach freundlich mit uns und unseren Mitmenschen umgehen, sind zu finden unter:
**www.fuereinebesserewelt.info/random-acts-of-kindness**

# Unser gemeinsamer Klang

Wir stehen schweigend im Kreis.
Du bringst Zimbeln oder eine Klangschale zum Klingen.
Klingend gibst du sie weiter an die Person neben dir,
den Klöppel auch.

Jede(r) schlägt die Schale wieder an
und reicht sie weiter,
Person für Person.

Bleibt der Ton erhalten?
Oder bringst du das Instrument
neu ins Schwingen?
Hand für Hand, Klang für Klang
entsteht so ein gemeinsames Ganzes.

Triangel, Regenstab, Zimbel –
alles, was lange nachklingt,
eignet sich dafür.

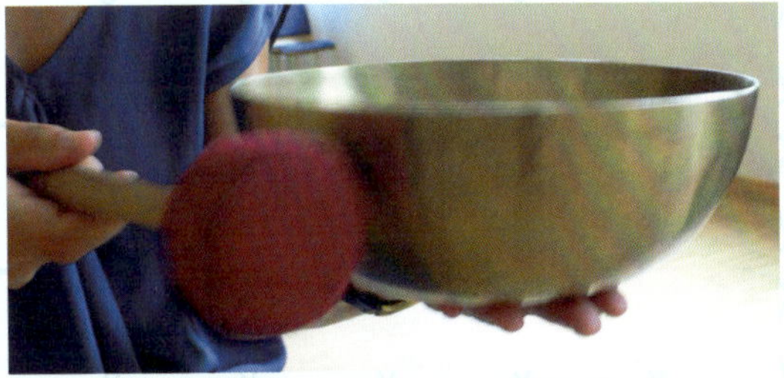

# Der Augen-Licht-Kreis

*Der Augen-Licht-Kreis zu Beginn des Morgens wird von vielen Kindern als besonders schön empfunden.*

Beginnen wir unseren Tag gemeinsam im Kreis.

Du zündest eine (elektrische) Kerze an,
stellst sie in ein Glas und reichst sie mir.
Dabei schaust du mich an.

Wir sehen einander und du sagst:
„Guten Morgen, Maja."

Ich nehme die Kerze und reiche sie
nach einem „Augenblick" des Anschauens
meiner Nachbarin im Kreis:
„Guten Morgen, liebe Lisa."

nach einer Idee von Karen Klever

# Der Herz-Kreis

*Der Herz-Kreis ist eine weitere Möglichkeit, das mitfühlende Miteinander zu stärken.*

Wir stehen oder sitzen im Kreis.
Jede(r) legt ein Herz entweder mit der roten
oder der schwarzen Seite vor sich auf den Boden.

Wer möchte, kann jetzt etwas sagen, z. B.:
„Mir geht es heute gut und
ich freue mich auf unseren Tag“;
oder:
„Gestern ist mein Meerschwein Mathilde gestorben
und ich bin heute sehr traurig.“

nach einer Idee von Regina Luerweg

# Sitz-Blick-Lob-Partnerarbeit

Setzt euch mit dem Stuhl so,
dass ihr euch gegenübersitzt
und die Knie zueinander zeigen
oder sich berühren.

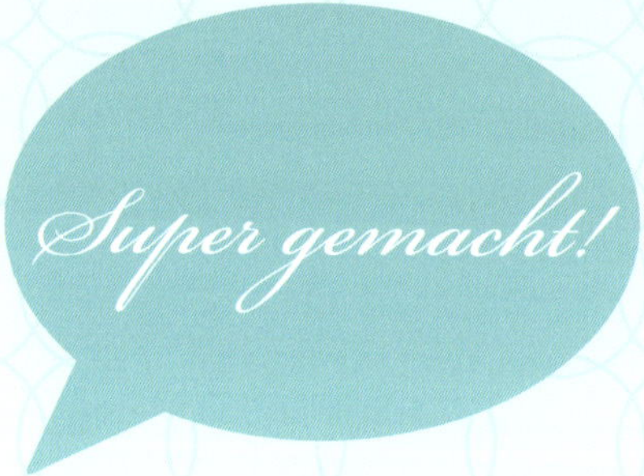


Schaut euch an, wenn eine(r) von euch nun Aufgaben stellt und kommentiert, wie die/der andere sie ausführt.

Haltet gern Blickkontakt, wenn das angenehm ist.

Nach jeder erfüllten Aufgabe wird gelobt bzw. freundlich verbessert, mit z. B. einem „Genau!" oder „Gut gemacht!".

Mögliche Aufgaben können sein:
- Kopfrechnen
- Fragen aus dem Sachunterricht beantworten
- Wörter buchstabieren

# Durch Berührung unterstützen

*Beim Schreiben, Zeichnen und Malen können wir Unterstützung der Schreibhaltung anbieten.*

*Wenn das Kind zustimmt, erinnern wir es mit unseren Händen an eine selbsttragende und „freie" Ausrichtung von Kopf, Nacken, Schultern, Armen und Rücken. Diese körperlich zentrierte Ausrichtung auf die Aufgabe vor ihnen unterstützt und verkörpert die „selbstständige" Konzentration der Aufmerksamkeit.*

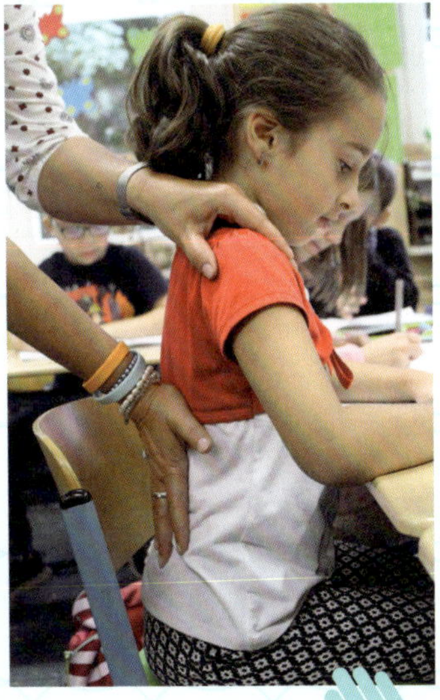

*Durch Berührung und leichte Korrekturen regen wir die Kinder an, Raum zu finden zwischen den Ohren und den Schultern sowie im Brust- und Bauchraum.*

*Die meisten Kinder lieben diese fürsorgliche, aufmerksame und sinnvolle Berührung sehr.*

*Auf einer Liste ihrer Favoriten bezeichnen Solinger Kinder neben „Sport" das „Schreibhaltung unterstützen" (unten links) mit drei Smileys als „super schön".*

nach einer Idee von Karen Klever

# Ritual 1: Warme Dusche

*Hast du schon einmal erlebt, wie es sich anfühlt,*
*von anderen (Kolleginnen und Kollegen, Familie, Freunden, Mitschülern) zu erfahren,*
*was sie an dir schätzen?*

*Wenn ein Kind Geburtstag hat,*
*kannst du z. B. die Mitschülerinnen und Mitschüler dazu einladen,*
*in der Morgenrunde jeweils eine Eigenschaft des Geburtstagskindes zu benennen,*
*die sie besonders schätzen.*
*Auch der Klassenrat zum Wochenabschluss eignet sich für eine „Warme Dusche",*
*um mit einem wohligen Gefühl ins Wochenende zu gehen.*
*ACHTUNG: Das geht nur, wenn in der Klasse generell eine wertschätzende Kultur besteht!*

*ODER:*
*Bereite für alle Schülerinnen und Schüler*
*einen Bogen Papier mit ihrem Namen vor.*
*Dann bitte sie, auf jedem Bogen zu beschreiben oder zu malen,*
*was sie an der Person schätzen.*

*Es ist schön, eine „Warme Dusche" zu geben*
*und es ist auch schön, eine „Warme Dusche" zu bekommen*
*... da fühlt man sich nicht allein*
*... und erfährt, was ein anderer an einem selbst gut findet.*

Emilia, 10 Jahre, nach einer „Warmen Dusche"

# Ritual 2: Stärken stärken

*Das folgende Ritual dauert etwa eine Schulstunde.*
*Halte vier (elektrische) Kerzen, einen Duft, z. B. ein Lavendelsträußchen, ein, zwei Knallbonbon(s), eine friedliche Musik oder einen Gong, einen Teller mit Brot sowie eine Schale mit kleinen Steinen, Perlen oder Herzen bereit.*

*Mit einem Ablaufplan*
*wie im Bild klärt ihr vorab,*
*welches Kind*
*welche Aufgabe übernimmt und*
*tragt die Namen ein.*
*Du lädst die Kinder ein,*
*die ganze Zeit über still zu sein.*

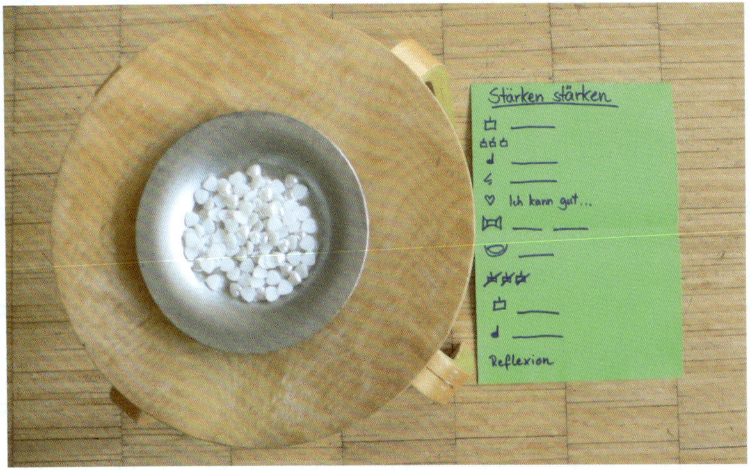

# Ritual 2: Stärken stärken

*Dann geht es los:*
*Alle sitzen im Kreis. Ein Kind zündet eine Kerze an (bzw. schaltet sie ein).*
*Drei weitere Kinder zünden jeweils eine Kerze an (bzw. schalten sie ein).*
*Ein Kind schaltet die Musik ein oder läutet den Gong, die Klangschale o. Ä.*
*Ein Kind geht mit dem Lavendelstrauß oder anderem Duft im Kreis von Nase zu Nase.*

*Dann nehmen die Kinder der Reihe nach einen Stein und jedes sagt, was es gut kann, z. B.: „Ich kann gut malen“; „ich bin gut im Fußball“; „mir fallen oft lustige Sachen ein“.*

*Wenn alle im Kreis – auch du – gesprochen haben, ist die Stimmung oft so dicht, dass es für Ent-Spannung sorgt, wenn zwei Kinder ein, zwei Knallbonbons platzen lassen.*

*Das Kind mit dem Brot geht nun im Kreis herum. Alle nehmen ein Stück. Essen die Kinder sofort oder warten sie, bis alle gemeinsam essen?*

*Die Kerzen werden gelöscht, die Musik wird ausgestellt oder es wird noch einmal gegongt. Anschließend wird das Schweigen beendet und es ist Zeit für einen Austausch.*

nach einer Idee von Martina Ventker

# Die Welt in uns – wir in unserer Welt

## KAPITEL 7

*… keine Freude kommt, kein Schicksal*
*Je von außen uns. Ins eigene Wesen*
*Müssen wir, vorsichtige Gärtner, lauschen,*
*Bis von dort mit Blumenangesichtern*
*Neue Freuden wachsen, neue Kräfte.*

Hermann Hesse

## Die Welt in uns – wir in unserer Welt

*Wir Menschen leben als Lebewesen auf der Erde,
und trotz all unserer Erfindungen und Kultur
gehören unsere Körper und unser Geist auch zum Reich der Natur.*

*In uns wirken Naturgesetze und uns geht es auf Dauer nur gut,
wenn unser Leben natürlichen Rhythmen folgen kann:
dem Wandel zwischen Bewegung und Ruhe, aktiv sein und uns erholen,
lebendigem, knallbuntem, lautem Trubel und tiefer, wohltuender Stille,
nach außen tun und machen, nach innen lauschen und sein,
Helligkeit und Dunkel, Wärme und Kälte,
Essen, Sattsein, Verdauen, Schlafen.*

*Wir wollen Nahrung, Bilder, Töne, Nachrichten in uns aufnehmen und dann eine Weile ohne Input sein, damit wir spüren, was sich in uns regt.*

---

*Die Natur beginnt direkt unter unserem T-Shirt.
Lernen wir, auf ihre Signale zu achten, ihre Sprache zu verstehen,
damit wir gut für sie sorgen können
in uns drin und um uns herum.*

# Green-time statt Screen-time

*Geh mit den Kindern hinaus!*
*Ermögliche ihnen Zeit in der lebendigen Natur,*
*die sie beruhigt, beglückt und stärkt.*

*Aus dieser Verbundenheit mit dem Natürlichen*
*kann ihnen das Bedürfnis erwachsen,*
*sich auch für dessen Pflege und Erhalt einzusetzen.*
*Vielleicht können wir dann gemeinsam*
*unsere Lebensgrundlagen auf der Erde doch noch erhalten.*

*Ermögliche, dass die Kinder wieder Buden in den Parks*
*und Wäldern bauen!*
*Verbinde, wo es geht, den Unterricht mit dem Leben im Park,*
*in den Gärten oder dem Wald um die Ecke.*

*Begrüne den Schulhof und lege Schulgärten an!*

*Was geschieht, wenn wir die Kinder für eine Weile im Wald,*
*im Park oder am Bach einfach s e i n lassen?*

*Der Wald gibt den Kindern Ruhe –*
*hier sind sie freundlich miteinander.*

Helga P., Solinger Lehrerin

Nimm Kontakte zu Urban Gardening Gruppen und den **www.transition-initiativen.de** auf.

# Der Weg der Elemente

Wenn wir draußen in der Natur sind, wer mag sich um welches Element kümmern?
Wer mag nach der Erde schauen?
Wer nach dem Wasser, dem Holz, dem Feuer, der Luft?
Diejenigen, die Erde gewählt haben, führen die Gruppe als erste.

Lasst uns schweigend durchs Gelände gehen,
bis die Erdgruppe einen Ort gefunden hat,
wo für sie das Element Erde besonders gut spürbar ist.
Dort halten wir an.
Schaut euch für eine Weile um
und macht euch mit dem Ort vertraut.

Wie empfinden wir die Erde hier?
Was nehmen die Sinne wahr?
Was spüren wir im Körper,
in den Gefühlen, im Geist?

Darüber können wir leise sprechen,
denn viele Wesen im Wald sind scheu.
Dann gehen wir weiter und die Wassergruppe führt uns usw.

nach einer Idee von Laurenz Verweyen

# Woher kommt das?

Schaut euch diesen Gegenstand an *(Gegenstand hochhalten)*:
Wo kommt er her?
Was wissen wir über ihn?

Lasst uns etwas mehr über seinen Weg zu uns herausfinden:
Woraus ist er gemacht? Was können wir über die Materialien herausfinden?
Wer war an seiner Herstellung beteiligt und am Transport zu uns?
Wohin wird er noch wandern?

Wird er so hergestellt und transportiert,
wie wir es in unserem Leben für richtig und wichtig halten?
Was können wir tun, um diese Werte in der Welt zu stärken?

Außer nach den Dingen in unserem Leben fragen wir uns am besten auch nach
der Wärme in unseren Räumen, dem Wasser in unseren Wasserhähnen,
der Elektrizität in unseren elektrischen Geräten, dem Weg, den unser Müll geht.

Fragen wir doch auch nach den Menschen, die uns umgeben:
Wer putzt die Schule jeden Tag? Wer hat die Wände gestrichen und die Möbel gebaut?
Wie leben wir unser Leben und was stärken wir damit in der Welt?

Weitere Anregungen sind zu finden unter **www.erdcharta.de**.

# Stille und Bewegung in der Natur

*Im Garten, im Park oder im Wald können wir mit den Kindern Bewegungen und Stille erleben.*

*Frag sie:* Welche Bewegungen nehmt ihr wahr?

*Das kann sein:*
Der Wind bewegt die Bäume, das Gras, die Blumen,
Blätter und mein Haar.
Die Wolken fliegen und dort, ein Vogel.
Eine Spinne krabbelt in ihrem Netz im Gebüsch.
War da eine Maus in den trockenen Blättern unterwegs?
Meine Augen bewegen sich, wenn ich der Amsel nachschaue.
Mein Herz schlägt.

*Frag sie auch:* Was ist denn ganz still?

*Vielleicht:*
Der große Stein dort hinten,
die Baumstämme, das Haus, der Maulwurfshügel.

*Sprich zu den Kindern, z. B.:*
Ich höre die Stille zwischen den Rufen der Vögel.
Auch die Grillen machen Pausen zwischen ihrem Zirpen. Hört ihr das auch?
Wenn ich aufmerksam auf die Geräusche und die Stille lausche,
wird es auch in meinem Kopf ganz still.

# Die 3-Minuten-Stille beim Essen

*Nicht nur den Erwachsenen ist es oft zu laut in der Schule.*
*Auch Kinder haben ein Bedürfnis nach Ruhe und Stille –*
*vor allem beim Essen.*
*Von Natur aus sind kleine Kinder beim Essen gern still.*

*Schaffe eine robuste Sanduhr an,*
*die drei Minuten läuft.*
*Stell sie den Kindern vor Beginn einer Mahlzeit*
*als Uhr der Stille vor*
*und frage, wer sie einmal ausprobieren möchte.*

*Dieses Kind darf sie dann umdrehen,*
*und während sie läuft,*
*sind alle Kinder eingeladen,*
*in Stille zu essen.*

*In manchen Gruppen bitten die Kinder um Verlängerung!*

nach einer Idee von Patricia Czisz

# Galerie der schönen Momente

*Lade die Kinder, aber auch die Eltern ein,
gemeinsame Momente in der Natur
ganz bewusst zu erleben
und per Foto festzuhalten.*

*Jedes Kind darf dann im Stuhlkreis
seinen Moment vorstellen,
bevor das entsprechende Foto
in der „Galerie" ausgestellt wird.*

*Versuche herauszufinden,
was den Moment für das Kind
und/oder die Eltern besonders gemacht hat.*

*Die „Galerie der schönen Momente" kannst du in Form einer Ausstellung gestalten:
Spanne eine Leine durch den Raum und befestige daran die Bilder;
oder gestalte Tische mit Bilderrahmen im Raum.*

*Beim Durchgehen durch die Galerie können die Kinder neben ihren Bildern stehen und den Besuchern berichten,
was sie im Moment des Fotos erlebt und gespürt haben.*

nach einer Idee von Patricia Czisz

# Das Leben feiern!

## KAPITEL 8

*Some people dance in the rain,*
*others just get wet.*

Bob Marley

# Das Leben feiern!

*Kleine Kinder verbringen ihre wachen Stunden ganz präsent in der Gegenwart.
Sie erkunden mit staunenden Sinnen ihre Zehen und Finger.
Sie betrachten aufmerksam die Formen auf einer verputzten Wand, die Schatten auf dem Fußboden, die Wolken am Himmel. Ein für uns kurzer Weg draußen wird für sie zur Entdeckungsreise.
Sie essen konzentriert und still.
Sie sind ganz da.
Lass dich berühren und inspirieren von ihrer kostbaren Präsenz. Gib ihnen und dir selbst Zeit und Raum dafür.
Freu dich von Herzen über ihr und dein Leben. Es ist ein unglaubliches Geschenk.
Wir wissen nicht, wie viel Zeit wir (noch) auf der lebendigen Erde haben. Daher lass uns das Leben feiern und stärken!
Lass uns wach und staunend wirklich DA SEIN, miteinander und füreinander, in warmer Lebendigkeit, in liebevollem Mitfühlen.
Spüre das Leben in dir, warm und lebendig pulsierend. Nähre das, was dich nährt, indem du ihm Zeit, Aufmerksamkeit und Zuwendung schenkst. Verschenke deine Freundlichkeit, dein Lachen, liebevolle Augenblicke und Berührungen. Verstecke dich unterm Bett und hinter Bäumen. Breite deine Arme aus wie Flügel, wenn du nachts unterm leuchtenden Sternenhimmel deine Kreise ziehst. Baue mit deinen Nachbarn Blumen und Gemüse in den Beeten vorm Rathaus, der Bibliothek, dem Supermarkt an.*

*Wir leben – was für ein Wunder!*

Weitere Anregungen sind zu finden unter:

www.zentrum-der-gesundheit.de/incredible-edible-ia.html

# Fremde(s) kennenlernen

*Ein achtsames und offenes Erkunden uns unbekannter Dinge, Gegenden und Menschen weitet nicht nur unseren Horizont, sondern auch unser Herz.*

Kennst du Menschen,
die in einem anderen Land aufgewachsen sind?
Warst du schon mal bei ihnen zuhause?

Bist du neugierig, zu schauen,
wie sie ihre Wohnung einrichten?
Möchtest du hören, wie ein Schlaflied
in ihrer Sprache klingt?
Und wie die Schimpfwörter?

Welche Speisen aus anderen Ländern kennst du?
Und welche schmecken dir?
Hast du schon mal Empanadas zubereitet,
Piroggen oder Borschtsch?
Wer kann dir zeigen, wie das geht?

Welches Land möchtest du einmal besuchen?
Spürst du eine Sehnsucht in dir
nach Norden, Süden, Osten oder Westen?

# Lebensreise

*Unser Gewordensein zu erkunden, gibt uns Halt. Wir bilden Wurzeln wie ein Baum, der auch im Sturm nicht fällt, der im Wald seine Zugehörigkeit findet und dessen Ringe den Lauf der Zeit dokumentieren.*

Weißt du, aus welchen Städten oder Dörfern
deine Großeltern, die Urgroßeltern und deren Eltern kamen?
Welche Berufe hatten sie?
Welche Sprachen haben sie gesprochen?
Und wann sind sie einander wo begegnet?

Warum sie wohl Paare geworden sind?
Was mochten und mögen sie aneinander?
Was lieben sie?

Hast du deine Eltern und die Großeltern
schon mal danach gefragt?
Was sie wohl antworten?

So viele Leben und Geschichten
gehören zu deinem Gewordensein!

Spürst du die Zeit in dir?
Und das Werden?

# Stille

Warst du schon einmal an einem Ort,
wo es ganz still ist?
Wo kein Wind weht, kein Motor brummt,
kein Insekt summt, kein Tier
und kein Mensch zu hören ist.

Es ist ganz still.
Vielleicht ist es Nacht.
Die Sterne leuchten am Himmel,
unendlich viele
im unendlichen Raum.

Wie wäre das für dich?

*Es gibt vielerlei Lärm.*
*Aber es gibt nur eine STILLE.*

Kurt Tucholsky

# Danksagung

**Vielen herzlichen Dank**

an alle am Solinger Modellprojekt beteiligten Kolleginnen und Kollegen, Schulleiterinnen und Schulleiter, Lehrerinnen und Lehrer, die sich mit Kopf, Herz und Hand haben inspirieren lassen und die ihrerseits die Kinder, uns und die vorliegende „Schatzkiste" inspiriert haben.

Besonderer Dank gilt Prof. Gustav Dobos, Daniela Körber, Birkhild Mahlendorf, Claudia Bialowons und Peter Nink sowie Eva Topoll, Karen Klever, Martina Ventker, Hilde Kornmüller-Martens, Annette Sonius, Annette Heck, Regina Luerweg, Melanie Speckheuer, Patricia Czisz und vielen weiteren!

Mara Erlinghagen hat das Projekt feinsinnig und tatkräftig mitgestaltet. Holger Cramer, Dennis Anheyer, Barbara Brozius und Teresa Bichler am Lehrstuhl für Naturheilkunde und Integrative Medizin in Essen haben die Begleitevaluation konzipiert und umgesetzt.

Gabriela Holzmann, Antje Greisiger und Nicole Neumann haben aus dem Manuskript dieses schöne Buch entstehen lassen. Hanna und Dieter Paulmann fördern mit dem AVE Institut die Weiterführung unserer Arbeit.

Danke für den gemeinsamen Weg zu einer Kultur des achtsamen, empathischen und engagierten Wachsens und Gedeihens!

Nils Altner

# Informationen

**zum Landesmodellprojekt „GIK“:**

**www.achtsamkeit.com/gik**

**zur daraus entwickelten MultiplikatorInnen-Weiterbildung**
„GAMMA – Gesundheit, Achtsamkeit und Mitgefühl im menschenbezogenen Arbeiten“ an der Universität Duisburg-Essen unter:

**www.achtsamkeit.com/gamma**

**zur Train-the-Trainer-Ausbildung**
Zusatzqualifikation für achtsamkeitsbezogene Lehrerbildung:

**https://ave-institut.de/ave-weiterbildung fuer-paedagoginnen/**

*Die Achtsamkeitsübungen waren für mich etwas ganz Neues, etwas, was man im Alltag eigentlich so nie macht. Stille kommt im normalen Alltag eigentlich gar nicht vor. Eigentlich sind wir immer mit irgendetwas beschäftigt.*

Julia, 13 Jahre

*Es fühlt sich gut an, mich ohne Sprache mit Menschen verbunden zu fühlen …*
*Seitdem ich Achtsamsein übe, hat sich mein Unterrichten verändert. Ich begegne den Schülerinnen und Schülern anders. Das fängt schon bei der gemeinsamen Begrüßung an. Meine eigene innere Ruhe, meine eigene Bewusstheit überträgt sich auf die Schülerinnen und Schüler. Ich kommuniziere mehr, obwohl ich weniger rede …*

Lehrerin, Teilnehmerin an der GAMMA-Weiterbildung

## Bildquellenverzeichnis

*Wenn nicht anders aufgeführt, liegen die Bildrechte beim Autor.*

S. 11: © istock.com/polarica
S. 14: © istock.com/Trifonov_Evgeniy
S. 15: © fizkes/shutterstock.com
S. 16: © Billion Photos/shutterstock.com
S. 17: © kworraket/stock.adobe.com
S. 22: © Anna Lurye/shutterstock.com
S. 24: © Sergiy Bykhunenko/stock.adobe.com
S. 28: © istock.com/yacobchuk
S. 30: © Prachaya Roekdeethaweesab/shutterstock.com
S. 38: © L. Klauser/stock.adobe.com
S. 45: © Vgstockstudio/shutterstock.com
S. 46: © SimonsArt-PhotoVideo/stock.adobe.com
S. 50: © SpeedKingz/shutterstock.com
S. 57: © eranyardeni/stock.adobe.com
S. 59: © Swill Klitch/shutterstock.com
S. 60: © PRASERT/stock.adobe.com
S. 62: (Ball) © VRD/stock.adobe.com
S. 69: © Aaron Amat/shutterstock.com
S. 76: © sirtravelalot/shutterstock.com
S. 92: (1) © istock.com/PixHound; (2) © istock.com/OlgaMiltsova; (3) © istock.com/NaokiKim; (4) © istock.com/t_kimura; (5) © istock.com/swongpiriyaporn
S. 93: © sebra/stock.adobe.com
S. 99: © languste/shutterstock.com